KB006689

느티나무 돈가스

나는 작은식당에서 행복을 배웁니다

나는 작은 식당에서 행복을 배웁니다

느티나무 돈가스

이정관 지음

온몸으로 배운 식당 창업의
KNOW-HOW

써네스트

"느티나무 돈가스는 맛있는데 왜 이렇게 외진 곳에 있나요?"

코로나라는 무서운 '사회적 변수'가 발생했다. 2월부터 매출이 급감하기 시작했고 3월에는 직원들의 안전을 위해 결국 2주 동안 가게를 닫아야 했다. 20년이 넘도록 장사를 하면서 그동안 수많은 변수(메르스 사태, 김영란 법 등)를 겪어 왔지만, 이번 코로나바이러스는 가장 충격이 큰 변수임에 틀림없다. 자영업을 하는 사람들은 시간이 지날수록 더 큰 어려움을 직면할 수도 있다. 나또한 별다른 방법은 없다. 오직 버텨야 한다는 생각뿐이었다. 이 시간동안 무엇을 하면서 버틸까를 고민하던 중 미루어두었던 책 쓰기에 몰입하는 것으로 결정을 했다.

가끔 손님들이 "느티나무 돈가스는 맛있는데 왜 이렇게 외진 곳에 가게를 차리셨어요?"라고 물으시면 나는 선뜻 답을 할 수가 없었다. 왜냐하면 그 질문에 제대로 답을 하려면 20년 전 이야기부터 차근차근 설명해야 하기 때문이다. 이 책은 바로 그 물음에서 시작된 이야기들이다.

아주 오래 전에 아내와 식당을 차리기로 결정하고 처음으로 이조식
당이라는 가게를 열었는데, 다섯 평 남짓한 작은 식당이었다. 이후 10
년이라는 시간동안 아내는 음식을 만들고 나는 오토바이를 타고 그
음식을 배달했다.(새삼 배달을 하면서 넘어지고 쓰러졌던 기억들이 떠오른
다.) 그렇게 소박하게 시작했던 식당은 나중에 벌집 삼겹살, 오븐구이
닭, 실내포차 등 여러 가지 아이템의 식당을 창업하고 운영할 수 있는
밑바탕이 되었다. 나중에 돈을 벌면 나는 아내와 처음 장사를 시작하

패 많은 시간이 흐른 뒤에 그 자리에 '느티나무 칼국수 & 돈까스'가 만들어졌다.

고 함께 고생했던 그 이조식당 자리에 건물을 짓고 싶었다. 지금의 나를 있게 해준 그 '처음'을 평생 기억하고 싶었기 때문이다.

내가 배운 최고의 노하우는 "손님에게 지는 법"이다

지금 열 번의 창업을 통해서 얻은 경험과 노하우를 글로 쓰려고 하니 그동안의 기쁨과 슬픔이 한꺼번에 밀려온다. 언젠가 기회가 되면 식당 창업에 관한 나의 이야기를 해야겠다는 생각은 오래 전부터 가지고 있었다. 내가 겪은 있는 그대로의 경험을 사람들과 나눠보고 싶었기 때문이다. 나는 실패와 좌절을 겪으면서 나만의 노하우를 갖게 되었고 그 과정에서 손님에게 지는 법을 배웠다. 식당 창업을 앞둔 사람들, 그리고 창업은 했는데 도대체 무엇을 어떻게 해야 할지 전전긍긍하고 있을 '초보' 사장님들께 조금이라도 도움이 되길 바라는 마음에서 이 책을 출간하게 되었다.

네이버 검색창에 '식당 창업'이라는 검색어를 입력하면 엄청나게 많은 관련 도서들이 검색된다. 이미 시중에 이렇게 많은 식당 창업 관련 서적들이 나와 있음에도 불구하고, 나 같은 '비전문가'가 식당 창업에 관한 이야기를 해야겠다고 생각한 데에는 나름의 이유가 있다. 나는 지금까지 23년 동안 식당을 운영하고 있다. 지긋지긋할 것이라고 생각하는 사람이 있을지도 모르겠다. 하지만, 나에게 식당은 내가 밥을 먹고 살 수 있는 유일한 길이었고 희망이었으며 지금은 기쁨이자 행복이기도 하다. 학창 시절 공부를 잘한 것도 아니고 생활 계획표를 만들어 놓고 계획대로 근면, 성실하게 살지도 않았다. 그냥 어영부영 가방을 메고 학교만 왔다 갔다 하는, 한마디로 '농땡이' 학생이었다. 그러다 군에 입대했고, 제대할 때쯤 겨우 철이 들었다는 생각이 든다.(물론 내 생각일 뿐이지만) 대학을 졸업한 후에는 번듯한 직장을 찾지도 못했다. 돌이켜보면 아무런 준비도 하지 않고 사회로 나왔으니 당연한 결과였다. 그럼에도 불구하고 남들에 비해서 적극적이고 능동적인 성격이었던 나는 항상 뭐든 하면 잘할 수 있다는 근거 없는 자신감은 잃지 않았던 것 같다.

나의 첫 번째 사회생활은 보험 설계사였다. 보험 설계사를 하는 3개월 동안 정말 많은 생각을 했다. '이 일로 밥을 먹고 살 수는 있을까? 결혼을 할 수는 있을까? 그리고 보험 영업이 과연 나의 적성에 맞는 일인가?' 수없이 되물었지만 솔직히 자신이 없었다. 내 스스로가 보험 영업을 부끄럽고 창피한 일이라고 생각하고 있었기 때문이다. 3개월 만에 보험 설계사를 그만두고 선배의 소개로 작은 회사에 취직했다. 회사에 다니는 동안에 결혼도 했다. 아내와 내가 맞벌이를 했음에도 직장생활을 하는 4년 내내 호주머니는 늘 텅텅 비어 있었고, 가계부는 적자를 면치 못했다. 결혼하고 아이 낳아서 가정 꾸리는 평범한 꿈도

말단 사원의 월급으로는 힘들 것 같았다. 그래서 결심했다. "장사하자! 돈을 많이 벌어서 자식들을 제대로 가르치고, 집도 사고 차도 사자!" 사표를 내고 회사를 나왔다.

그런데 막상 회사를 나오니 막막했다. 밑천도 없었고 아이디어도 없었다. 아무런 준비도 되어있지 않았고, 특별한 기술도 없었다. 한 달을 그냥 보냈다. 답답했다. 뭐라도 시작해야 하는데 머릿속은 항상 비어 있었다. 그러다 문득 '식당'이라는 단어를 떠올렸다. 다행히 어머니가 조그만 식당을 운영 중이었다. 어머니가 장사를 끝낸 후에, 2차로 야식집을 해보는 것은 어떨까 라는 생각이 들어서 아내와 상의했다. 어머니는 회사를 그만두고 집에 있는 아들이 안쓰럽게 보였는지 흔쾌히 허락해 주셨다. 그렇게 나는 어머니가 운영하는 식당에서 야간시간을 이어받아 간판을 달고 식당을 창업했다. 오토바이를 할부로 사고, 스티커와 전단을 인쇄했다. 영업시간은 저녁 6시부터 다음날 오전 6시까지였다. 아내가 음식을 준비하는 동안, 나는 전단을 돌렸다. 영업을 시작하기 한 시간 전부터 인근의 사무실과 원룸, 빌라 등을 중심으로 식당을 홍보했다. 당시에는 야식을 배달하는 업체가 많지 않았다. 내가 홍보하느라 뛰어다닌 만큼 주문이 들어왔다. 양복 대신 운동복 차림으로 음식을 배달하는 내 모습이 처음에는 낯설고 부끄럽기도 했지만, 두 아이의 가장으로서 어떻게든 생활비를 벌어야 한다는 책임감이 나에게는 더 우선이었다. 한 달쯤 지나자 주문이 늘기 시작했다. 주문이 몰리는 시간대에는 정신을 차리기 힘들 정도였다. 음식을 포장하는 와중에 주문 전화를 받아서 배달 접수도 해야 했다. 여러 가지 일을 동시에 하다 보니, 실수가 속출했다. 배달을 가면서 숟가락을 빠트리기도 하고 음료수 등의 추가 주문을 잊어버리기도 했다. 오토바이를 세워둔 장소를 잊어버리기도 했고, 빈 배달통을 들고 배달을 가기도 했다.

그런 과정을 거쳐서 식당 운영이 안정적으로 자리 잡고, 대학 강단에 서기까지 23년이란 세월이 지났다. 열 번의 창업 아이템을 거치면서 좌충우돌 실패도 했고 시행착오도 겪었다. 나는 이제 장사에 대해 조금은 알 것 같다. 처음으로 돌아가서 다시 식당을 시작한다면, 예전만큼 실수나 실패를 반복하지 않을 자신이 있다. 그 이야기를 전하기 위해 책을 쓰기로 했다. 거창한 성공담은 아니지만, 식당 창업을 계획하고 있는 창업자에게 조금이라도 도움이 되려는 마음에서 식당 창업과 운영을 통해 얻은 모든 것들을 이 책에 담았다. 혹시 누군가 이 책을 읽고 힘을 얻어 식당을 창업 한다면, 내 경험이 도움이 되었으면 좋겠다. 내가 얻은 작은 여유를, 그 누군가와 함께 나누어 가질 수 있다면 더 이상 바랄 것이 없겠다.

05 실전 식당 창업의 ABC

에필로그

지금의 '그들'처럼

힘겨웠던 시간들

스물세 살, 상처의 기억

아무것도 보이지 않았다. 내 얼굴이 하얀 붕대에 칭칭 감겨 있었다. 침대에 누워서 손도 까딱할 수 없었다. 두려움이 엄습했다. 제대 2개월을 남겨두고 얼굴에 화상을 입어 병원으로 후송되었다는 기억만 분명했다. 보병 5사단 소속의 우리 중대는 GOP 근무를 담당하고 있었다. 철책에서는 구간별로 나누어 소대 생활을 하는데, 1개 소대의 인원은 소대장을 포함해서 대략 30명 정도였다. 당시에는 제대 2개월 남겨두면 흔히 '말년 병장'이라고 해서 떨어지는 낙엽도 조심해야 한다는 우스갯소리가 있었다. 그런데 나는 몸조심을 못하고 방심한 나머지 군대생활의 마지막 2개월을 병원에서 보내야했다.

철책소대에서는 선임이 전역해서 분대장 자리가 공석이 되면, 통상적으로 남아 있는 병장들 중에서 가장 선임이 하사관 교육대에 입소해서 교육과정을 수료한 후에 분대장을 맡았다. '군대는 줄을 잘 서야 한다.'는 말이 있듯, 선임 병장이 하사관 교육대에 교육생으로 입소해서 훈련을 받는다는 것은 솔직히 아주 짜증나는 일이어서 수단과 방법을 가리지 않고 피하려고 했다. 그럼에도 나는 소대장의 간곡한 부탁과 회유에 넘어가서 하사관 교육대를 수료한 후에 부대로 복귀했고, 얼마 남지 않은 제대 날짜만 하루하루 손꼽아 기다리고 있었다. 그러던 어느 날, 평소처럼 취사장에서 간식거리를 찾아 어슬렁거리던 나는 은연중에 스팀으로 밥을 찌는 기계를 건드렸는데 파이프에서 끓고 있던 증기가 갑자기 얼굴을 향해 뿜어져 나왔다. 순식간에 벌어진 일이었다. 비명을 듣고 달려온 취사병들은 풍선처럼 부어오른 내 얼굴을 보고는 어쩔 줄 몰라 하다가 소대장에 보고를 했다. 부어오르고 붉다 못해 거의 까맣게 변해버린 내 얼굴을 확인한 소대장은 나를 데리고 수돗가로 가서 얼굴에 연신 찬물을 뿌리며 응급조치를 했다. 군 병원으로 이송하기 위해 의무대 차량이 왔을 때, 내 얼굴은 이미 두 배로 부어올라 있었고 피부 색깔도 완전히 새까맣게 변해 있었다. 얼굴이 욱신욱신 쑤셔대기 시작했다. 얼굴에 손을 댈 수 없는 상황이었기 때문에 통증을 참느라 이를 꽉 깨물었다. 군 병원에 도착해서 소독을 하고 화상용 거즈를 얼굴에 붙였다. 그 순간에도 화상으로 인한 얼굴의 상처는 너무나 고통스러웠다. 눈물을 흘렸는데 고통 때문인지 다른 이유 때문인지는 정확하지 않았다.

아무 생각이 나지 않았다. 통증이 너무 심해서 진통제를 맞고 잠

• 느티나무 돈가스 •

이 드는 것말고는 내가 할 수 있는 일이 정말 아무것도 없었다. 갑갑했다. 얼굴에 붕대를 감고 있는데 앞으로의 날들이 캄캄했고 마음은 불안했다. 내가 병원에 들어온 첫날 군의관님은 이 정도 화상이면 얼굴이 뒤틀릴 수도 있고 다행히 상처가 잘 치료된다고 해도 얼굴에 흉터가 남을 것이기 때문에 마음의 각오를 단단히 해야 한다고 말했다. 온 얼굴에 붕대를 감고 눈만 내놓은 채로 침대에 누워서 천정을 하염없이 바라보는데 문득 이런 생각이 떠올랐다. '나는 앞으로 무슨 일을 하면서 평생을 살아가야 할까? 전역을 한 다음에 내가 정상적인 삶을 살아갈 수는 있을까?' 앞날에 대한 걱정 때문에 제대로 잠을 이룰 수 없는 동안에는 나도 모르게 눈물이 흘렀다. 부모님께 연락을 드리고 싶었지만, 근심만 끼치는 것 같아서 차마 연락도 하지 못했다. 다친 내 모습을 보여드리는 것도 싫었고, 나 때문에 부모님께서 근심하시는 것도 싫었다. 병상에 누워서 절실한 마음으로 기도했다. 교회를 다닌 적도 없었지만 지금 이 순간에 기댈 수 있는 것은 하느님밖에 없었다. 입대하기 전에 게으르고 방만했던 내 삶에 대한 죗값을 받는 것이라는 생각

도 들었다. 앞으로는 열심히 살아갈 테니 부디 상처가 잘 낫게 해달라고 매일 기도했다. 돌이켜보면 어린 나이에 억울하고 감당하기 어려운 시련이라는 생각도 들었다. 하지만 돌이켜보면 나보다 더한 장애를 가진 사람들도 모두 잘 살아가고 있는데 이만하면 다행이라며 마음을 다잡았던 20대의 내가 대견하다는 생각도 든다. 군의관님은 매일매일 치료를 해주시면서 제대해서 더 열심히 살면 되니 용기를 잃지 말라고 말해 주셨다.

한 달 정도 지난 후에 얼굴에 감았던 붕대를 풀었다. 처음보다 부기는 빠졌지만, 얼굴색은 여전히 검은 빛이었다. 군의관님이 핀셋으로 얼굴을 뒤덮고 있는 표피를 한 꺼풀씩 벗겨 내기 시작했다. 사람의 피부가 그렇게 여러 겹으로 이루어져 있다는 사실을 나는 미처 알지 못했다. 한 꺼풀씩 벗겨 낼 때마다 군의관님은 뭔가에 홀린 것 같은 표정으로 내 얼굴을 살피더니 정말 기적이라면서 거울을 건네 줬다. 벗겨 낸 검은 표피 속에서 새하얀 살이 돋아나 아기 피부처럼 매끈했다. 어쩔 수 없이 흉터 정도는 남을 것이라고 예상했던 군의관님도 어떻게 흉터 하나 없이 이렇게 새살이 돋았는지 잘 모르겠다고 말씀하셨다. 나는 너무 기뻤고 눈물이 북받쳤다. 어머니에게 전화를 하고 싶었다. 아니 당장이라도 어머니한테 뛰어가고 싶었다. 화상을 입고 망연자실해서 부모님께 연락도 못 드렸는데 이렇게 깨끗하게 나을 것이라고는 상상도 못했다. 세상이 아름다워 보였다. 병원에 후송된 후에 마음속에 고여 있던 원망과 미움이 한순간에 사라졌다. 모든 것이 감사했다. 부대 동료들과 소대장님도 보고 싶었다. 군의관님께도 너무 감사하다고 말씀드렸다. 세상에 다시 태어난 기분이었다. 제대 일주일을 남기고 병원에서 퇴원했다. 얼굴에 돋은 새살에 화상 연고가 아니라 선크림을 발라주던 군의관님이 아기 피부나 마찬가지니 잘 관리하라고 했다. 얼굴은 완전히 회복됐지만 도저히 믿을 수 없었고 모든 것이 꿈만 같았다. 한 달 넘게 절망 속에서 고민하고 한탄했는데, 흉터 하나 없이 깨끗하게 나을 줄은 상상도 못했다. 구원을 받은 것 같은 느낌이었다. 이렇게 다시 태어났으니 세상에 나가서 열심히 살아야겠다는 생각이 들었다. 부대로 복귀해서는 소대원들의 축하를 받았다. 제대까지 남은 일주일은 휴가를 받았다. 집으로 돌아와서 그동안 병원에서 있었던 이야기를 했더니 어머니는 왜 연락을 안 했냐고 나무라시며 눈물을 흘리셨다. 이만하길 천만다행이라며 등을 쓸어내리는 어머니의 손길이 한없이 따뜻했다.

고통 속에서 다시 태어나다

제대하는 날, 경기도 연천에서 기차를 타고 서울로 가는데 차창 밖에는 하얀 눈이 펄펄 내렸다. 그동안의 군 생활이 파노라마처럼 스쳐 지나갔다. 입대 전 몸도 약하고 자신감도 없던 나는 유격훈련과 100km 행군은 지옥 그 자체였다. 아침마다 기상나팔 소리와 함께 달렸던 10km 알통 구보는 가장 하기 싫었던 훈련이었는데, 내가 그 훈련들을 모두 견뎌냈다는 사실에 뿌듯했고 감격스러웠다. 더군다나 제대 2개월을 남겨두고 입은 화상은 나를 되돌아보게 한 최고의 '선물'이었다.

23살 쓰라린 고통 속에서 나는 다시 태어났고, 신으로부터 다시 선택받은 듯한 기분이었다. 고등학교를 졸업할 때까지 책 한 권 제대로 읽지 않았고, 대학에 가서도 당구장과 술집에서 보내는 시간이 학교생활의 대부분이었다. 이번 사고는 방만하고 무책임하게 살았던 나를 반성하고 새로워질 수 있는 기회라고 생각했다. 고등학교를 졸업하고 대학을 다녔지만 수업시간보다는 친구들과 노는 일이 우선이었던 내가 태어나서 처음으로 제대하면 공부도 열심히 하고 부모님께 효도하는 아들이 되겠다는 다짐을 했다. 그리고 나는 '내가 운이 좋은 놈이구나.'라는 생각을 갖고 살기로 마음먹었다. 그 사고를 겪은 다음부터는 어떤 어려움과 시련이 와도 항상 '나는 잘할 수 있을 거야.'라고 생각하며 스스로를 믿었다. 그렇게 심한 화상을 입고도 흉터 하나 없이 깨끗하게 나을 정도로 내 인생에는 행운이 가득한데 이보다 강력한 무기가 있을까 싶었다. 사회에 나가서도 나만 열심히만 한다면, 반드시 성공할 수 있을 것이라는 확신을 갖게 된 것도 아마 그때부터였을 것이다.

군복을 벗고 학교에 복학했더니 그동안 게으르게 살았던 나의 생활이 성적표에 고스란히 담겨 있었다. F라는 학점이 도대체 몇 개였는지 모르겠다. 이 성적으로 과연 졸업은 할 수 있는지 교수님께 여쭤봤다. 어렵지만 정규 수업을 마치고 야간 수업까지 들으면서 학점을 채우면 졸업은 가능하다고 하셨다. 그동안 내가 얼마나 형편없이 살았는지 후회가 밀려왔다. 수업시간에는 당구장에서 놀고, 시험 기간에도 공부 한번 하지 않았던 내 삶을 어떻게 복구할 수 있을지 사실 막막하기만 했다. 하지만 제대를 하고 나는 분명 달라졌다.

한 과목이라도 또 F를 받는다면 졸업을 못하는 상황이었기 때문에 예전처럼 생활할 수는 없었다. 학교를 졸업하고 번듯한 직장에 취업해야겠다는 생각보다는 우선 졸업이 목표였다. 1년 동안 열심히 학교에 다녔다. 난생 처음이었지만 아르바이트도 열심히 했다. 학교를 마치고 친구들과 어울려 술 마시러 가지도 않았고, 수업시간도 빠지지 않고 열심히 다녔다. 시험 때가 되면 시험공부도 했다. 남들이 보면 시험기간에 시험공부하는 게 뭐가 달라진 것이냐고 말할 수도 있지만, 나에게는 대단한 발전이고 변화였다. 화상을 입고 절망에 빠졌을 때 얼굴이 나으면 정말 열심히 살겠다는 결심도 있었고, 이 정도도 하지 않으면 얼굴을 깨끗하게 낫게 해준 신에 대한 배신이라는 생각도 들었다. 1년 동안 열심히 학교에 다닌 결과 무사히 졸업할 수 있었다. 교수님도 대견하다고 칭찬하셨다. 군대 가기 전 학점을 많이 채우지 못해서 걱정했는데, 야간 수업까지 출석하면서 졸업학점을 다 채웠으니 어느 모범생보다 대단하다고 하셨다. 무엇보다 스스로 할 수 있다는 자신감을 확인했던 시간이라는 것이 뿌듯했다.

• 느티나무 돈가스 •

나만의 길이 분명히 있다는 확신

복학을 하면서 일단 친구들과 어울리던 당구장부터 끊기 시작했다. 영남이공대를 꼭 졸업하겠다고 결심했다. 용돈은 내가 벌어 써야겠다는 생각에 아르바이트도 구했다. '조나단'이라는 경양식 레스토랑이었는데 『갈매기의 꿈』이라는 소설에서 가져온 상호인 것 같았다. '가장 높이 날아오르는 새가 가장 멀리 본다.'라는 명언으로 내가 기억하는 소설이다.

수업을 마치고 저녁에는 레스토랑에서 많은 시간을 보냈다. 검은 바지에 흰색 와이셔츠, 넥타이를 하고 서빙을 했다. 시내에는 20대 연령층이 주 고객인 만큼 학생들이 많이 왔다. 서빙을 보는 남자 동료 한 명이 더 있었는데 1층과 2층으로 된 복층 구조였기 때문에 둘이서 서빙만 하기에도 힘이 부칠 정도로 바쁜 가게였다. 그래도 같이 일하는 동료가 성격 좋은 동갑내기여서 우리는 재미있게 일했다. 레스토랑 2층에 작은 DJ박스가 있었는데, 고객의 생일이면 축하

곡도 틀어주고 손님의 이름을 마이크에 대고 불러주면서 달달한 멘트를 낭독하기도 했다. 나는 그 일이 너무 재미있었다. 그렇게 생일 축하 멘트를 하고 그 DJ박스에서 나오면, 생일을 맞은 손님들은 조각 케이크를 나눠주곤 했다. 그럴 때는 내가 무슨 라디오 DJ가 된 것처럼 마냥 신이 나서 신청곡도 여러 번 틀어주곤 했다. 그 시절에는 라디오 DJ가 엄청 유행했던 시절이었다. 지금 글을 쓰면서 그 시대의 그런 감성 콘셉트를 재현해보면 재미있겠다는 생각도 든다.

억지로 졸업학점을 맞추고 졸업은 했지만, 나는 자동차정비 자격증이 없었기 때문에 다른 친구들처럼 취업할 순 없었다. 학점이 좋았던 몇몇 친구들은 손해 보험회사 보상과에 취업했다. 자동차 사

자동차정비를 전공했고 졸업했지만, 나는 나만의 길을 가기로 했다.

고가 나면 현장을 감식하고 사고금액을 협의하는 일이었다. 또 다른 친구들은 정비공장에 취업하기도 했고, 카센터를 운영하는 선배들의 권유로 정비기술자로 가는 친구도 있었다. 그때부터 나는 무얼 할 수 있고 무얼 할까라는 고민을 시작했다. 일단 아르바이트를 열심히 하기로 하고 영어 학원에 등록했다. 아르바이트와 영어 학원이 내 일과의 전부였다. 학과 친구들이 취업 혹은 편입을 준비하는 동안 나는 신나게 아르바이트를 했다. 서빙을 하다가 주방에 일손이 부족하면 주방으로 뛰어가 돈가스를 튀기는 일도 마다하지 않았다. 손님들이 신청곡을 부탁하면 DJ박스 안으로 들어가 여느 DJ 못지않게 멋있게 음악을 틀기도 했다. 레스토랑에서의 아르바이트는 내가 미처 알지 못했던 일하는 것의 즐거움을 알려주었다.

취업한 친구들을 볼 때마다 불안하기도 부럽기도 했지만, 그래도 자신감만은 잃지 않았다. 정비 기술로 취업을 할 수는 없었지만 분명 성공할 수 있다고 생각했고, 나에게는 나만의 길이 분명히 있다고 확신했다.

'연봉 1억'을 꿈꾼 보험 영업 석 달

1년 정도 아르바이트를 하며 지내고 있었는데 중고등학교 친구가 보험회사에 이력서를 같이 내보자고 했다. 연봉 1억 원을 넘는 사람들도 있다는 말을 듣고 마음이 들떴던 것 같다. 친구와 보험회사에 도착했더니 팀장이라는 분이 반갑게 맞아 주었는데 사무실의 분위기는 어수선했다. 중년의 아주머니들과 젊은 남자들이 이달의 목표를 달성하자며 힘차게 구호를 외치고 있었다. 처음 본 보험회사의 분위기가 낯설었다.

보험 영업에 대해서 설명을 들었는데, 한 마디로 보험 설계사는 보험 상품을 아는 사람들에게 소개하고 보험을 '개척'하는 일이었다. 팀장의 설명에 따르면 수당이 꽤 많았고, 잘만하면 금방 돈을 벌 수 있을 것 같았다. 우리 팀에는 남자 직원들이 많았다. 다음날부터는 보험 상품을 숙지했다. 팀장은 주변의 가족과 친인척들에게 권유하는 게 편하다고 했다. 얼마 지나지 않아서 친구와 입사

동기들은 보험계약을 성사시켰다. 팀원들이 부러웠지만, 어머니와 형제들에게 보험을 권할 형편이 아니었고 지인들에게 무엇을 부탁하고 매달릴 정도의 넉살도 없었다. 무작정 밖에 나가서 보험을 개척하는 것밖에는 별다른 묘안이 없었다. 생판 모르는 사람들에게 보험 상품을 설명한다는 것이 쉽지 않았지만, 매일 '나는 할 수 있다. 할 수 있다.'라는 말을 속으로 백 번도 넘게 외치면서 밖으로 나갔다. 보험회사에서는 이것을 필드 영업이라고 했다. 필드에서는 자신감이 없으면 고객을 설득할 수 없다는 말을 수없이 들었기 때문에 어느 정도 '세뇌'가 됐고 경비 아저씨가 없는 조그만 개인 사무실을 집중적으로 찾아다녔다. 사무실을 노크할 때에는 거절을 당하면 어떡하냐는 생각이 떠오르지만 속으로 '나는 할 수 있다.'라는 말을 계속 되뇌었다. 일단 "안녕하세요."라고 인사를 한 후에 어설프게 보험 상품을 소개했다. 못 이기는 척 들어주는 사람들도 모두 빨리 끝나기를 바라는 표정이었다. 그렇게 거절당한 것이 백 번도 넘었다.

지금 생각해보면 그 일은 정말 큰 공부였다. 내성적이었던 나에게 모르는 사람 앞에서 보험 상품을 소개하는 것은 상상도 할 수 없었던 일이었는데, 그 일을 하다 보니 조금이지만 내 성격이 바뀌는 것 같았다. 어느 정도 거절에 대해 내성이 생길 때쯤 드디어 보험계약을 따낼 수 있었다. 저축 상품이었는데 월 납입액 20만 원의 계약이었다. 뛸 듯이 기뻤고 내가 해냈다는 성취감도 있었다. 전혀

생면부지의 사람을 설득할 수 있다는 사실을 경험했던 보험영업.

알지도 못하는 사람을 설득했다는 사실이 너무 신기했다. 그로부터
자신감이 붙기 시작했다. 더 열심히 필드를 돌아다녔다. 시장이며
상가, 사무실 등을 찾아다니며 첫 달에 4건, 둘째 달에는 3건의 계
약을 했다. 하지만 회사에는 매월 달성 목표가 있었고 입사 석 달째
는 겨우 한 건밖에 계약을 성사시키지 못했던 나는 팀장의 눈치를
봤고 팀장은 다른 직원들과 나를 비교했다. 팀장은 다른 사원들처
럼 친척들이나 친구, 주위의 지인들을 찾아가라고 했다. 나는 친척
들에게 찾아가서 보험판매를 부탁할 성격이 아니었고, 학교 동창들

• 느티나무 돈가스 •

을 찾아가는 것도 자존심이 허락하질 않았다. 결국, 3개월 만에 보험회사를 그만두었다. 하지만 내 인생에서 세일즈 현장의 감각을 처음으로 경험한 소중한 시간이었다.

재미있는 직장 생활 4년, 통장 잔고는 마이너스

보험회사를 3개월 만에 그만두고 벼룩시장 구인광고를 보다가 보석 세공협회에서 총무를 구한다는 광고를 보고 곧바로 이력서를 들고 찾아갔다. 사무실에는 경리 한 분이 있었는데 협회 회장님이 직접 면접을 보셨다. 특별한 스펙이나 회계지식을 요구하는 것 같지는 않았다. '집은 어디고 형제는 어떻게 되느냐?'와 같은 아주 평범한 질문을 했고 나는 성실하게 답변을 했다.

채용이 되었고 다음날부터 출근했다. 경리 여직원이 업무를 가르쳐 주었고, 세공협회 회장님께서는 교동시장에 있는 보석 세공 업소를 찾아다니며 나를 인사시켜 주셨다. 보석 세공협회에 가입된 회원들은 모두가 반갑게 맞이해 주셨다. 교동시장 안에 매장을 갖고 공장을 하시는 분도 계셨지만, 대부분은 5명 이내의 소규모 공장이 많았다. 나는 매월 월례회를 주관해서 협회의 재정 상태를 회원 분들에게 브리핑했고, 협회의 비전과 발전 방안을 제시하는 업

• 느티나무 돈가스 •

무를 했다. 나름 재미있었고 일도 힘들지 않았다. 보험회사처럼 실적에 대한 압박도 없었다. 협회의 월례회 때는 수십 명의 회원 분들 앞에서 아주 소박한 아이디어를 제시했음에도 불구하고 회원 분들은 박수를 보내고 격려해 주셨다.

평소에는 일이 너무 편했다. 아니 할 일이 없었다. 사무실에 가만히 앉아 있는 것이 답답해서 교동시장 안에 있는 회원 분들의 공장을 수시로 방문해 인사드렸다. 작은 공장 안에서 금반지를 만들고 목걸이를 만드는 모습에서 장인정신을 느낄 수 있었다. 주문받은 예물을 날짜 안에 제작해야 하기 때문에 결혼 시즌이 되면 눈코 뜰 새없이 바빴다. 섬세한 일을 하면서도 힘든 내색을 하지 않고 웃고 있는 모습들이 인상적이었다.

시간이 지나면서, 할 일도 없이 책상에 앉아 시간만 보내고 있는 나 자신이 한심했다. 가만히 앉아서 일하는 건 내 성격에도 맞지 않았다. 월례회를 하는 것 외에는 특별한 일이 없어서 월급을 받는 것조차 죄송했다. 결국 입사 4개월 만에 총무 일을 그만두었다. 나중에 결혼할 때는 예물을 꼭 이곳에서 하라는 인사를 건네주신 분들이었다.

보석 세공협회를 그만두고 고등학교 선배의 소개로 무역업을 하는 회사에 취직했다. 이곳에서의 4년이 나의 첫 직장이자 마지막 직장이었다. 산업 원자재를 수입해서 판매하는 회사였는데 내근과 외근을 병행하는 업무가 내 적성에 맞았다. 서울에 본사가 있고, 인

천사무소와 대구사무소, 부산사무소가 있었다. 대구사무소에는 직원이 총 여섯 명이었고, 그중에 고등학교 선배도 한 명 있었다. 영문과를 졸업한 직원도 있었고, 일본어를 유창하게 하는 여직원도 있었다. 내가 맡은 업무는 수입한 고무 원자재를 자동차 부품 공장에 납품하는 일이었다. 거래처 영업도 담당했는데 거래처의 관련 부서 직원들과 친하게 지내야 했다. 작성해야 하는 보고서의 양도 상당했고 서울 본사로 출장도 잦았다. 일에 비해서 월급이 많은 것은 아니었지만, 20대 미혼 남성의 생활비로 부족하지는 않았다. 회사의 체계적인 시스템도 좋았지만 직원들과 정을 나누는 대표의 마인드가 더 좋았다. 회사 대표께서는 늘 공부하는 모습을 보였고 본받아야겠다는 생각이 들었다. 회사에서는 직원들의 사기를 높인다

는 취지에서 매월 전 직원들이 참가하는 산행을 했다. 참석한 직원들에게는 휴일에 나왔다고 해서 소정의 보너스도 지급했다. 그 시절에 우리나라의 명산은 거의 가본 것 같다. 회사에서 대표의 마인드와 리더십이 왜 필요한지를 생각해 보게 되었다.

회사에 다니며 친구의 소개로 아내도 만났다. 유치원 교사 일을 하고 있다고 했는데, 그래서 그런지 말이 바르고 행동이 단정해 보였다. 퇴근한 후에는 아내와 데이트를 했고, 직장에서는 동료들과 잘 어울려서 회사 생활도 재미있었다. 직장생활을 하면서 회사에 대한 불만도 상사에 대한 스트레스도 거의 없었지만, 문제는 월급이었다. 처음 입사할 때는 괜찮았는데, 한해 한해가 지날수록 문제였다. 친구들을 만나고 회사 동료들과 어울리고 데이트를 하다 보면 지출이 많아져서 미래를 위해 따로 저축할 돈을 마련할 수 없었기 때문이다. 변화가 필요한 시점이라는 생각이 들었다.

내가 겪은
식당 창업 이야기

맨손창업

"직장을 그만두고 장사를 해보면 어떨까?" 라는 생각이 "어머니 가게에서
야식집을 해 보면 어떨까?"로 바뀔 수 있었던 것은 나의 간절함 때문이었다.
'샵인샵'의 형태로 시작했던 야식집은 누구에게도 권하고 싶지는 않지만,
당시에는 내가 선택할 수 있는 최선이었다.

나는 장사를 시작하기로 결정했다

1994년 2월 결혼을 했다. 유치원 교사이고 착한 아내가 좋았다.
미래에 아이들의 양육이나 교육도 잘 할 것 같았고, 성격도 좋아 보
여 나를 비롯해 부모 형제들과도 잘 어울릴 수 있는 사람이라 확신
했다. 결혼 후에는 직장생활을 더 열심히 했다. 아내도 직장생활을
이어 나갔다. 결혼할 때까지 모아둔 돈이 없어서 신혼살림은 월세
로 시작할 생각이었다. 그런데 형편도 넉넉지 않은 어머니께서
2,000만 원을 건네주시면서 전세라도 구하라고 하셨다. 대학을 졸
업하고 스스로의 힘으로 살아가겠다고 다짐했지만, 저축한 돈은 없
고 부모님께 신세만 지는 내 모습이 죄송스러웠다. 아내에게도 미

안하기는 마찬가지였다. 무엇보다 신혼여행 경비가 없어서 신혼여행은 가까운 경주로 가야했고, 웨딩 촬영도 생략했기 때문이다.

맞벌이를 할 때까지는 생활이 풍요롭지는 않았지만 월급을 받으면 남들처럼 외식도 하고 쇼핑도 하면서 나름 즐겁게 직장생활을 할 수 있었다. 하지만 결혼을 하고 1년 후에 아내가 아이를 갖고 휴직을 하면서부터 우리 부부의 삶의 질은 급격하게 하락하기 시작했다. 당시에는 우리나라에 휴직 수당이라는 것이 정착되지 않았던 때였다. 맞벌이에서 갑자기 외벌이가 되었는데 그 상태로 살림살이를 꾸려가는 일은 결코 간단하지 않았다. 많지 않은 내 월급은 생활비를 충당하기에도 빠듯해서 저축은 엄두도 낼 수 없었다.

아이가 태어난 이후에는 생활비가 더욱 부족해졌다. 모자란 생활비는 우선 신용카드로 사용한 다음, 3개월마다 보너스를 받아서 마이너스를 메우는 생활이 반복되었다. 아이가 너무 어렸기 때문에 아내의 유치원 복직은 불가능했다. 우리 부부는 미래를 걱정하기 시작했다. 어떻게 하면 '평범한' 사람들처럼 살아갈 수 있을지에 대해 고민을 거듭했다. 하지만 별다른 묘책이 떠오르지 않았다. 이것저것 고민과 걱정이 많으니 회사생활도 힘들어지고 업무에 대한 의욕도 줄어들었다. 입사한 지 4년이 되면서부터 회사업무는 관성적으로 진행되었고 친구들을 자주 만날 수도 없었다. 생활의 범위가 제한되면서 결혼생활도 갑갑하게 느껴졌다.

현실을 직시해야만 했다. 그런데 나만 그런 것이 아니었다. 우리

나라에서 몇몇 대기업을 제외하면 혼자 회사생활을 해서 받은 월급만으로 가정생활을 유지하는 것은 거의 불가능한 일이었다. 자녀를 포함해서 평균 4인 가족의 생활비로 한 사람의 월급은 턱없이 부족했다. 말단 직원의 월급으로는 미래가 전혀 보이지 않았다. 더 아끼면서 살아가거나, 혹은 더 많이 벌어들이거나 둘 중 하나를 선택해야 하는 상황이었다. 나는 지금보다 더 많이 벌어야 한다고 생각했다. 더 많이 벌어서 아주 멋있게 살고 싶었다. 풍요로운 삶을 누리고 싶었다. 돈에 구애받지 않고 여행을 하고, 취미활동도 할 수 있는 그런 '소박한' 부자가 되고 싶었다. 그렇다고 공부를 잘해서 대기업에 들어갈 수도 없고, 자본금이 많아서 거창한 사업을 할 수도 없는 형편이었기 때문에 나는 장사를 시작하기로 했다.

내가 장사를 시작한 것은 평범한 삶을 살고 싶다는 소박한 이유 때문이었다.

서울야식, 30만 원으로 시작한 배달 식당

"직장을 그만두고 장사를 해보면 어떨까?"

조심스럽게 아내에게 이야기를 꺼냈다. 사실 말은 그렇게 했지만,

아내는 장사할 밑천은커녕 당장 이번 달 카드대금을 결제할 돈도 없는데, 무슨 엉뚱한 말을 하냐는 표정을 지었다. 아내의 표정과 달리 나는 많은 고민 끝에 아내에게 말을 한 것이었다. 결혼한 후에 아내는 우리 어머니께(아내에게는 시어머니) 이런 저런 음식을 배웠다. 다행스럽게 아내는 음식에 관심도 있고 소질도 있어서 어머니의 손맛을 상당부분 따라할 수 있는 수준이었다. 어릴 적부터 어머니의 음식을 먹으며 자라온 내가 봤을 때, 아내의 음식에는 어머니의 손맛이 제대로 담겨 있었고 그래서 그 말을 꺼낸 것이었다.

"우리 어머니 가게에서 야식집을 해 보면 어떨까?" 내가 진지한 얼굴로 말했다. 어머니는 봉덕동의 작은 한옥에서 식당을 운영하고 있었다. 손맛이 좋아서 어머니가 운영하는 식당에는 단골손님들이 꽤 많았다. 아내는 선뜻 내켜하지는 않았지만, 내 뜻이 확고하다면 같이 해보자고 했다. 먼저 나는 회사에 사표를 냈다. 그리고 어머니께 이 식당에서 야식집을 해보겠다고 말씀드렸다. 어머니는 평소부터 우리 형편을 알고 계셨고, 도전적인 마인드를 갖고 있는 분이라서 흔쾌히 승낙해주셨다.

1996년 11월 테이블 두 개로 식당을 창업했다. 어머니가 낮 장사를 마친 5평 남짓 식당에서, 나의 도전이 시작되었다. 어머니 가게에 식당 집기는 다 있었기 때문에 별다른 장사밑천이 필요치 않았다. 간판이 없어서 30만 원을 주고 '서울야식'이라는 간판을 달고 홍보용 스티커와 전단을 만들었다. 배달용 오토바이는 10개월 할부로 구입했다. 그렇게 야식집 문을 열었다. 가게가 작아서 직원은 필요 없었다. 아내는 두 살 된 어린 아들을 업고 주방에서 음식을 만들었고, 나는 영하의 날씨를 뚫고 배달을 했다. 동네 원룸이나 모텔들이 주요거래처였다. 저녁 6시부터 아침 6시까지 우리 부부는 그렇게 야식집을 운영했다. 해가 뜰 무렵 가게를 정리하고 퇴근할 시간이 되면, 나와 아내의 손발은 퉁퉁 부어 있었고 가운뎃손가락을 제대로 펼칠 수도 없었다. 그해가 내 인생에서 가장 시린 겨울이었을 것이다.

처음에는 어머니 식당에 오시는 단골손님들이 야식 주문을 해 주셨다. 나는 동네에 전단을 돌렸다. 넥타이를 매고 회사에 출근하는 대신 내 손에는 식당의 전단이 쥐어져 있었고 난생처음 오토바이를 탔다. 정확하게는 오른쪽에 가속 레버가 있고 왼쪽에 브레이크가 있는 스쿠터였다. 처음에는 어색했지만, 자전거를 탈 수 있으면 누구나 쉽게 배울 수 있는 정도여서 금방 적응했다. 어머니는 아들이 안스러웠는지 여러 가지 나물도 같이 다듬어 주시고 배달 나가서 추울까봐 내복도 챙겨주셨다. 한참 동안은 직장에 출근하는 대신 오토바이를 타고 배달하는 것이 창피했다. 양복 대신 운동복과 패딩이 부끄러웠다. 하지만 이내 생각을 고쳐먹었다. 이제 이 야식배달이 나의 새로운 직업이었기 때문이다.

김치찌개 된장찌개를 비롯해 열 가지 정도의 메뉴가 적힌 전단을 보고 손님들은 하나둘 주문을 해주셨다. 아직도 서울야식의 첫날을 생생하게 기억한다. 첫날 매출이 8만 원이었는데 다음날부터는 10만 원을 넘기기 시작했다. 매출이 조금씩 오르면서 열심히만 한다면 직장에서 받은 월급보다 많은 수입을 거둘 수 있을 것 같았다. 어머니도 격려를 해 주셨다. 한 달이 지나고 조금씩 매출이 오르면서 나와 아내는 더욱 힘을 냈고 자신감도 붙기 시작했다. 솔직히 밑천이 크게 들어간 것도 아니고, 딱히 식당이 망할 이유를 찾을 수도 없었다. 오직 몸으로 배우고 발로 열심히 뛰면 된다는 생각이 들었다.

처음 서울야식을 시작할 때만 해도 회사 동료들 생각도 나고, 퇴근해서 한 잔하는 친구들 생각도 많이 났다. 하지만 나만의 홀로서기 연습이라 생각하고 일에 집중했다. 일단 마이너스를 기록하고 있는 가정의 경제문제를 해결하기 위해 야식집을 선택했고 당분간 친구들을 만날 수는 없겠지만 언젠가 멋지게 내가 술을 한 잔 사면 된다고 생각했다. 그보다 더 안타까운 일이 있었다. 내가 고생하는 건 괜찮은데, 유치원 교사였던 아내가 자신의 꿈을 접고 야식집 주방에서 일을 하고 있다는 것이 가장 미안하고 안타까웠다.

인생에는 항상 새로운 출발이 있다. 이것저것 생각하다 보면 일에 집중할 수가 없다. 선택했으면 집중해야 하고, 앞만 보고 그냥 달려야 한다. 주변을 두루두루 살피기보다는 차안대를 쓴 경주마처럼 앞만 보고 달려 나가야 하는 시절도 있다. 무거운 마음은 잠시 내려놓고, 오늘 하루 무조건 열심히 살자고 다짐했다. 간절함이 없으면 어떤 일에도 집중할 수 없다. 3년만 고생하자는 생각으로 마음을 다잡았다. 3년 고생해서 우리 가정에 생활비와 교육비 걱정 안 하고, 번듯한 가게 하나 차릴 수 있으면 좋겠다는 간절함이 있었다. 아내 또한 내 뜻과 일치했기에, 비록 고생은 되지만 나를 믿고 따라와 주었다.

야식배달, 조금 더 친절하고 조금 더 뛰어야

밤낮이 뒤바뀌는 생활을 해야 하는 야식집은 아이들을 키우는 일반적인 생활방식과는 정반대였다. 밤에는 일을 해야 했기 때문에 낮에는 잠을 자 둬야 하는데, 낮에는 당연히 아이들이 깨어있었기 때문에 밥도 같이 먹어야 했고, 또 같이 놀아 줘야 했다. 항상 집에 오면 아내와 나는 자다 깨다를 반복하며 쪽잠을 잘 수밖에 없었고, 그렇게 저녁이 되면 출근을 해야 하는 상황이었다. 시간이 자정을 넘어서면 가게에서는 주문 전화벨이 울리는데, 그 와중에 잠에서 깬 아들의 울음소리가 들려오곤 했다. 아내는 잠시 일을 멈추고 가게 안쪽에 있는 어머니 방으로 쫓아 들어가서 두 살 된 아들을 등에 업고 나왔다. 아내가 포대기로 감싸서 아이를 업자마자, 아이는 엄마 품이 그리웠는지 울음을 그치고 주방에서 조리하느라 정신이 없는 엄마의 등에서 방긋방긋 웃기까지 한다. 배달 주문이 계속해서 들어오고 아내는 힘겨워했다.

야식을 시작하고 두 달이 지날 때쯤부터 배달이 많아지기 시작했다. 배달을 나갈 때마다 전단을 계속 홍보한 효과도 있었겠지만, 기본적으로 재주문이 늘어나고 있었다. 당시에는 포스기도 없었고, 지금처럼 배달 대행업체도 없었다. 주문이 들어오면 공책에 받아 적은 다음, 손님의 설명을 듣고 위치를 찾아갔다. 어떤 날에는 추위 때문에 오토바이의 시동이 제대로 걸리지 않았다. 보조 시동장치를 발로 밟아서 겨우 시동을 걸고 있는데, 배달전화와 배달을 독촉하는 전화가 계속해서 울리면 등에서 식은땀이 났다. 주문이 밀려서 배달이 밀려서 늦어지면 그냥 주문을 취소하는 분들도 있지만, 불같이 화를 내는 손님도 있었기 때문이다. 심지어 배달이 늦어졌다는 이유로 아예 문을 열어주지 않는 손님도 있었다. 배달을 하면서 집을 찾지 못해 헤매고 다녔던 적도 한두 번이 아니었다. 바쁘고 정신이 없어서 오토바이에 음식을 싣지도 않은 상태로 배달을 간 적도 있었다. 심지어 가게에서 멀지 않은 곳에 오토바이를 타고 배달을 나갔다가 오토바이를 그곳에 세워 놓고 가게로 돌아와서는 오토바이가 없어졌다고 파출소에 신고를 했던 일도 있었다. 그렇게 하루하루가 순식간에 지나갔다. 아내는 음식을 조리하느라 정신이 하나도 없었고, 나는 주문전화를 받고 포장 배달에 일손이 모자랐다. 주방 이모 한 분을 구하고부터는 아내가 틈틈이 주문전화를 받고 포장하는 일을 맡았다. 둘이서 일할 때보다 육체적인 부분은 물론 정신적으로 여유가 생겨 전체적으로 일이 한결 나아졌다. 작은 식당이라고 하더라도 각자의 맡은 일을 분담하는 시스템이 만들어져야 일이 제대로 된다는 사실을 비로소 알게 된 것 같았다.

배달이라는 것이 항상 쉽지 않은 일이지만, 여름과 겨울은 특별히 힘이 들었다. 여름 장마철에는 오토바이를 타고 달리면 헬멧 사이로 들이치는 빗줄기에 눈을 뜰 수 없었고, 비옷을 입고 배달을 해도 속옷까지 젖어 버리기 일쑤었다. 겨울에는 내복을 겹겹이 껴입고 중무장을 해도 어느새 칼바람이 파고 들어와서 손과 발, 그리고 얼굴까지 얼어버린다.

사람들이 출근하는 아침이 되면 아내와 나는 퇴근을 했다. 집으로 돌아온 우리는 그야말로 파김치가 되어 있었다. 밤새워 일하는 야식집을 선택하는 순간부터 피할 수 없는 일이었다. 나보다 여성인 아내가 느끼는 육체적인 피로의 강도는 훨씬 높았을 것이다. 아내의 손과 발은 항상 퉁퉁 부어 있었고, 허리를 비롯한 온몸의 근육통 때문에 집안이 파스 냄새로 가득했다. 그런 상황에서도 아내가 그날그날의 결산을 위해 현금을 세고 있는 모습을 보면 마음이 아렸다. 그때부터 몇 시간 잠을 잔 후에 일어나서 우리는 곧장 시장으로 장을 보러 갔다. 갈치나 동태 같은 생선과 여러 가지 채소를 구입했는데 야식집의 특성상 메뉴 구성이 다양해서 그날그날 식재료를 구입하는 것에도 상당한 시간이 필요했다. 나는 항상 조금 일찍 가게에 나가서 생선을 다듬고 채소들도 미리 손질해 두었다. 메인 메뉴와 곁들일 반찬의 밑손질을 마친 후에 배달을 나갈 때 탈 오토바이 점검까지도 마쳐 둬야 했다. 하루하루 그렇게 야식집 생활에 익숙해져 갔다. 내가 회사생활을 했다는 사실조차 까맣게 잊어버리고 있었다.

언제부터인가 일과는 습관처럼 돌아갔다. 매일 똑같은 생활이 반복되었음에도 불구하고 지루하지 않았다. 쉴새없이 주문이 들어오고, 주문에 맞춰 배달을 하는 것만으로도 바빠서 잡념이 끼어 들 틈이 없었다. 오토바이를 타고 배달을 하다보면 가끔은 다치기도 했다. 비 오는 날에는 오토바이가 빗길에 미끄러져서 다치고, 캄캄한 동네 골목을 달릴 때에는 갑자기 사람이 튀어나와서 이를 피하려다 오토바이가 넘어져서 다치기도 했다. 온몸에 상처가 아물 날이 없었고 오토바이가 부서지기도 했다. 내가 배달을 하다가 다치기라도 하는 날이면 아내는 밀린 주문 때문에 고객들의 독촉 전화에 시달려야 했다. 하루하루는 고되고 힘들었지만 그래도 장사가 안 되는 것에 비하면 훨씬 좋았다. 먹고 살기 위해서 시작했고, 내 가정의 경제적 어려움을 해결하기 위해 선택했던 야식집이 장사가 안 돼 파리만 날렸다면 아마도 내 인생은 아주 암울했을 것이다.

그래서 항상 다행이라고 생각했다. 배달을 하다가 다쳤을 때에도 이만하길 천만다행이라 생각했고, 장사가 어느 정도 자리를 잡아서 웬만한 대기업 직원들의 월급보다 수입이 많은 것도 다행이라고 생각했고, 가끔 손님들이 음식 맛있게 잘 먹었다고 인사를 해주시는 것도 정말 다행스러운 일이라고 생각했다. 그렇게 1년을 지나는 동

• 느티나무 돈가스 •

안에 둘째가 태어났다. 어린 아들과 딸까지 갓난쟁이 둘을 데리고 장사를 계속한다는 것이 정말 쉽지 않았다. 어머니께서 아이들을 봐주셔서 장사를 지속할 수는 있었지만, 마음 한쪽에는 어린 아들 딸을 가게의 쪽방에 데려다 놓고 장사를 하는 것이 계속해서 신경이 쓰였다. 그럼에도 아내는 한번도 힘들다는 내색을 하지 않았다. 오히려 마음 불편해 하는 나를 위로해 주었고, 어머니께는 편안히 모시지 못하는 것을 죄송스러워 했다. 어머니는 우리 부부를 배려해서 낮에 장사를 빨리 끝내시고 일찌감치 가게를 비워 주셨다. 우리가 장사를 일찍 시작해서 한 푼이라도 더 벌어 갔으면 하는 것이 어머니의 마음이었다. 야식집은 배달이 거의 90% 정도지만, 가끔 술 취한 손님들이 가게의 테이블에 앉기도 했다. 식사를 하면서 술잔을 부딪치고 이야기 소리가 가게 뒤에 있는 어머니의 방에도 고스란히 전달되는 구조였다. 오래된 한옥이었기 때문에 어쩔 수 없는 일이었지만, 자다가 깬 어린 아이들이 울음을 터트리는 일이 반복되었다. 언제부턴가 아내와 나는 음식을 조리하고 배달을 하는 일을 하면서도 온 신경이 부모님과 아이들에게 집중해야 했기 때문에 너무 힘이 들었다. 게다가 낮밤이 바뀐 생활이라 잠을 자고 일어나도 몸이 개운하지 않았다. 아침에 잠이 들기 때문에 깊이 잠들지 못하는 이유도 있었지만, 수면시간이 너무 부족했다. 다음날 재료준비를 하러 시장에 가야 했기 때문이다. 일과는 다람쥐 쳇바퀴 돌듯 반복됐지만, 그 안에서 손님들 때문에 웃을 때도, 슬플 때도, 화날 때도 있었다. 다른 모든 일들처럼 세상에 쉬운 일은 없었다. 단지 어려움을 어떤 방법으로 헤쳐 나가느냐는 것만 중요할 뿐이다.

　당시에 나는 돈을 벌어야겠다는 생각이 전부였다. 그 생각으로 모든 어려움을 버틸 수 있었다. 당시에는 정말로 간절했다. 돈을 벌어서 아이들 교육도 남부럽지 않게 시키고, 어머니께 효도하고, 가게도 번듯하게 차리고 싶었다. 그래서 전단을 더 열심히 돌렸는지도 모르겠다. 나는 동네에 있는 원룸들을 중심으로 홍보를 진행했다. 밤늦게 퇴근해서 집으로 돌아오는 직장인들과 유흥업소에서 일하는 여성들이 많이 살았기 때문이다. 전단은 정확하게 노력한 만큼 결과로 되돌아왔다. 식당 문을 열기 전에 동네를 뛰어다니며 전

전단은 정확하게 노력한 만큼 결과로 되돌아왔다.

단 작업을 하면 매출이 오르고 반대로 몸이 피곤하고 마음이 느슨해져서 전단 작업을 하지 않으면 그만큼 매출이 떨어졌다. 농사를 짓는 것과 같은 이치였다. 그래서 배달을 할 때면 항상 전단을 가지고 다녔고, 음식을 포장할 때에도 자석스티커가 붙은 전단지를 절대로 빠트리지 않았다. 당시에 야식집은

・느티나무 돈가스・

음식의 맛도 경쟁의 중요한 요소였지만 업소들 사이에서 벌어지는 치열한 전단 마케팅이야말로 야식집의 성공과 실패를 결정하는 핵심적인 경쟁의 포인트였다.

남들보다 조금만 더 친절하고 조금만 더 발로 뛰자고 생각했다. 손님들에게 서울야식은 맛있고 빠르고 친절하다는 이미지를 심겠다는 생각으로 하루하루를 이어갔다. 그렇게 다시 1년이 지나면서 하루 매출이 60만 원을 넘어서기 시작했다. 어머니의 가게에서 '샵 인샵'처럼 운영했기 때문에 임대료가 없었고, 아내와 나를 제외하면 직원은 이모 한 분이 전부였기 때문에 마진율이 높았다. 직장을 다니면서 받았던 월급과는 비교할 수가 없었다. 드디어 우리 집의 경제가 흑자로 돌아섰고 일정 금액의 저축도 할 수 있게 되었다. 마을금고 직원 분이 매일 가게에 들러서 전날의 수익금을 받아서 통장에 입금해 주었다. 장사를 한다는 것은 몸도 고되고 마음고생도 심하지만, 그렇게 한푼 두푼 통장에 쌓여가는 저축액이 위로가 되었다. 우리 부부에게는 통장이 버팀목이 되어 주었다.

몸살이 나고 감기에 걸려도 가게를 쉬지는 않았다. 가장의 책임감으로 어떻게든 버텼고 이겨내야 했다. 감기나 몸살은 시간이 약이라고 생각하며 지나갔고 배달을 하다가 다치기도 했지만 아픈 내색을 하지 않았다. 열심히 장사를 했고 그래서 생활비 걱정은 덜었지만 작은 가게의 한계가 있었다. 그렇지만, 멈출 수는 없었다. 비가 와도 눈이 와도 상관없었다. 하루빨리 배달을 하지 않아도 되는 번

듯한 가게를 갖는 꿈을 실현하기 위해 오직 최선을 다한다는 생각
뿐이었다.

지금의 나를 키운 건 10년 동안의 배달이었다

서울야식을 시작했던 20년 전에는 밥 한 그릇을 팔기 위해 전단
을 돌렸다. 지금은 배달 앱을 통해 간단히 해결되는 스마트한 세상
이지만, 예전에는 전단지를 돌리며 오직 발로 뛰는 것이 최선이었
다. 전단지를 손에 들고 나설 때는 항상 마음속으로 '노력은 배신하
지 않는다.'는 좌우명을 되새겼다. 하지만 꾸준히 전단지를 돌릴 수
밖에 없었던 이유는 무엇보다 전단지의 효과가 항상 정직하게 돌아
왔기 때문이다. 100장의 전단을 돌린 날에는 평균 1~2건 정도의
신규 주문이 들어왔고, 하루에 300장의 전단지를 돌린 날이면 4~5
건 정도의 신규 주문이 들어오는 식이었다. 그리고 이 신규 주문이
재 주문으로 이어지느냐 한 번의 주문으로 끝나느냐는 배달식당의
생존에 직결된 중요한 문제였다.

배달이 메인인 식당이 어느 정도의 매출을 꾸준히 유지하기 위해
서는 신규 주문과 재 주문이 균형을 이루어야 한다. 매일 배달음식
을 시켜 먹지는 않기 때문에 단골손님이라 해도 일주일에 한두 번
의 주문이 전부이다. 장사를 하면서 그날그날의 매출에 따라 일희
일비하면 안 된다는 것을 알고 있지만, 사람이기 때문에 장사가 안

·느티나무 돈가스·

되는 날에 기분이 좋을 수는 없다. 그런 날에 식당에 앉아서 짜증을 내고 있는 것보다는 차라리 밖으로 나가서 전단을 돌리면 기분 전환과 더불어 운동도 할 수 있어서 좋았다. 장사는 오늘 매상이 평소에 미치지 못하면 내일은 매상이 평균을 넘어서는 식의 패턴을 지속적으로 반복한다. 회사를 그만두고 난생처음 장사를 시작했을 때는 장사라는 것이 신기했다. 발로 뛰면 뛰는 만큼 수입이 늘어난다는 사실이 놀랍기도 했다. 그래서 힘은 들었지만, 농사를 짓는 마음으로 열심히 하다 보면 머지않아 일어설 수 있다는 희망도 갖게 되었다.

다음날 장사를 위해 시장에 들러서 생선과 채소를 구매하는 일도 만만치 않았다. 갈치와 동태를 사기 위해 일찍 시장에 나가서 적당

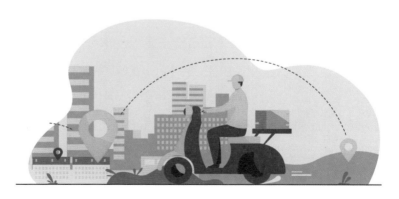

장사를 처음 시작했을 때, 발로 뛴 만큼 수입이 늘어난다는 사실이 놀랍고 신기했다.

한 물건을 사서 가게로 돌아오면 사 온 생선들을 손질해야 했다. 생선은 지느러미를 부분을 잘라내고 적당한 크기로 썰어 놓아야 하는데, 매일매일 똑같은 작업이 일과에서 가장 많은 부분을 차지했다.

일요일에도 쉬지 않고 장사를 했다. 지금에 와서 솔직히 고백하자면 당시에 아내와 나는 하루 매출이 아까워서 단 하루도 쉴 수가 없었다. 쉬는 날은 명절 당일 하루로 정해 두고 정말 악착같이 장사를 했다. 무엇보다 배달주문이 많은 식당의 경우에는 워낙 경쟁이 심해서 자주 쉬면 단골손님들이 줄어드는 것을 체감할 정도였기 때문에 하루도 쉴 수가 없었다.

주문이 밀려드는 점심시간에는 밥과 반찬을 그릇에 옮겨 담으면서 주문전화를 받아야 했기 때문에 주소를 적고 메뉴를 확인하는 고객응대의 과정이 지금에 비하면 무척 번거로웠다. 요즘은 '배달의 민족'이나 '요기요' 또는 '배달통' 같은 주문 앱이 발달해서 주문 시스템과 홍보가 함께 이루어지는 스마트한 시대로 변했지만, 그 시절에는 주문전화를 받아서 일일이 주소를 받아 적어야 했다.

당시에도 배달주문 식당에서는 일회용 그릇을 사용했지만, 우리 식당의 경우에는 '집밥' 이미지를 살리기 위해서 배달을 할 때에도 매장에서 사용하는 식기와 동일한 것을 사용했다. 일회용 용기와 달리 식기를 사용해서 배달을 할 경우에는 나중에 그릇을 수거하기 위해 다시 한번 방문해야 하는 번거로움이 있었다. 수거 후에는 설거지가 문제였다. 배달에 사용했던 그 많은 그릇을 식기세척기도 없이 오직 손으로 씻어야 했기 때문에 주방일은 이루 말할 수 없을 정도로 고된 작업이었다.

배달은 날씨에 많은 영향을 받는다. 날씨가 춥거나 비 오는 날이면 배달 식당은 더욱 바빠진다. 특히 장마철에 배달을 할 때는 많은 어려움이 뒤따른다. 경험해 보지 않으면 그 어려움을 헤아리기 어렵다. 헬멧을 써도 빗줄기는 달리는 속도만큼 강하게 얼굴을 강타한다. 그 빗줄기를 맞으면서 배달을 하다보면 얼굴 전체가 따끔거리다가 나중에는 상당한 정도의 통증을 느끼게 된다. 육체적인 고통보다 힘든 것은 정신적으로 느껴지는 압박감이다. 비가 많이 내리면 비옷을 착용한 상태에서 헬멧을 쓰게 되는데, 전방의 시야 확보가 아주 어렵다. 또한, 급브레이크라도 잡게 되면 오토바이는 180도 회전을 하면서 넘어지기 때문에 항상 사고의 위험에 노출된 상태에서 마음을 졸이면서 오타바이를 몰게 된다. 보험회사에서도 오토바이 배달 업종은 가입을 거절하거나 보험료가 매우 비싸다. 미끄러져서 다칠 때도 있었고, 자동차와 부딪혀서 사고를 입을 때도 있었다. 옷이 찢어지고 상처가 생겨도 뼈가 부러지지 않는 이상 배달은 쉴 수가 없다. 더운 날은 아스팔트 열기로 인해 사막에 서 있는 기분이고, 추운 겨울의 칼바람은 시베리아 벌판이었다. 그래도 주문이 들어오면 감사했다. 장사가 안 되는 것보다 몸이 힘든 것이 낫다고 생각했다. 어쩌면 10년 동안의 배달이 지금의 나를 키워준 원동력인지도 모른다. 그 노력과 경험이 없었다면 아마도 오늘의 결과는 없었을 것이다.

음식을 만드는 사람의 정성은 한결같다

당시와 상황은 달라졌지만 '느티나무' 식당의 칼국수와 돈가스를 준비하는 과정 또한 쉬운 일은 아니다. 공장에서 생산되는 제품이 아니고 수제로 만드는 것이기 때문에 무엇보다 시간이 많이 필요하다. 돈가스 한 장을 만들기 위한 출발은 고기의 숙성이다. 소금과 후추로 간을 맞추고 와인에 재워서 하루 동안 숙성한 후에, 망치를 사용해서 고기를 두드려 펴는 작업을 한다. 그리고 밀가루와 달걀, 빵가루를 입히는 과정이 이루어지는데 이때쯤이면 어깨가 아프고 손목에도 무리가 온다. 밀가루 반죽 또한 날씨에 따라서 물의 양을 조절해 반죽의 탄력을 맞춰야 한다. 뿐만 아니라, 칼국수 육수를 끓이고 돈가스 소스를 끓이는 작업도 많은 시간과 정성이 필요하다. 돈가스 소스에는 20여 가지의 재료가 들어가는데 양파를 다지고 당근을 다지는 작업부터 여기에 과일과 버섯을 넣고 함께 끓이다가 밀가루와 버터를 볶아서 만든 루roux로 농도를 조절하는 일은 정성 없이는 불가능한 작업이다. 무엇보다 가장 힘든 것은 이 일을 하루도 빠지지 않고 매일매일 반복해야 한다는 것이다.

손님들께 돈가스와 칼국수 한 그릇을 대접하기 위해서는 돈가스와 칼국수를 만드는 과정에서 많은 수고와 노력이 필요한 것이다.

· 느티나무 돈가스 ·

손님들의 따뜻한 말 한마디는 그 수고를 녹여주기 충분하다. 음식을 맛있게 드시고 나가는 손님들의 웃는 모습을 보면 언제나 기쁜 마음이다. 제대로 된 한 그릇을 만들어내기 위한 준비 작업은 어느 음식이나 과정이 힘든 것은 마찬가지다. 손이 조금 더 가고 덜 가고의 차이일 뿐, 만드는 사람의 정성은 똑같다. 고깃집을 할 때도 숯불을 피워서 초벌구이를 하다 보면, 어느새 얼굴은 까맣게 검댕이 묻어 있고 머리는 하얗게 재투성이가 되어 있었다. 치킨집을 할 때도 사람들은 단지 닭을 오븐에 넣어서 굽는 것 아니냐고 할지 모르지만, 오븐에 굽기 위해서는 닭을 손질하고 파우더를 입히는 과정까지 많은 준비 작업이 있어야 한다.

나는 오늘도 밥 한 그릇을 팔기 위해 주방에 서 있다. '느티나무'의 주방은 공간이 넉넉하지 않아서 특히 여름에 가스불 앞에 서 있는 것이 여간 힘든 일이 아니다. 돈가스 소스를 끓일 때는 땀으로 샤워한다는 생각을 하고 전쟁에 나가는 장수처럼 마음을 다잡은 다음에 불 앞에 선다. 90센티미터 정도의 나무주걱으로 대형 솥에서 끓고 있는 소스를 쉬지 않고 저어주다 보면 처음에는 이마에 감고 수건 밑으로 땀은 비 오듯 쏟아진다. 누가 억지로 시켜서 하는 일이 아니기 때문에 불만은 없다. 소스에 집중해서 주걱을 저으면 아무 생각이 나질 않는다. 에어컨을 설치하려고 했지만, 공간이 좁을 뿐만 아니라 가스불과 튀김기의 열기 때문에 거의 효과가 없다고 해서 포기했다. '느티나무' 주방의 여름은 버티는 것 외에는 달리 방

배달을 하지는 않지만 돈가스를 만드는 과정도 쉬운 일은 아니다.

법이 없다. 돈가스를 만드시는 이모님도 땀을 많이 흘리는 분이시라, 항상 이마에 수건을 두르고 일하시는데 봄부터 여름을 날 걱정을 하신다. 불 위에 칼국수 육수와 돈가스 소스를 끓이고 수육을 삶는 작업을 동시에 하면 어느새 땀은 비 오듯 흐른다.

　　장사는 한마디로 인내다. 매일 반복되는 작업으로 지칠 수도 있지만, 음식에 대한 사명감과 손님들이 맛있게 먹는 모습을 상상하다 보면 그 작업은 평범한 나의 일상이 된다. '느티나무' 식당에는 칼국수를 주문하면 셀프 비빔밥을 먹을 수 있는 시스템인데 하루는 노부부가 칼국수를 드시고 비빔밥을 드시면서 미안한 듯 "6500원 내고 비빔밥까지 먹으면 주인장은 남는 게 있소?"라고 물으셨다. 나는 웃으면서 "제가 남는 게 없으면 우리 아들딸 복이라도 받겠지요."라고 대답하면서 더 많이 드시라고 했다. 나는 이것이 바로 밥 한 그릇에 오고 가는 정이라고 생각한다.

5평 내 가게, 인생에서 낙법을 배운 시간들

시간이 흘렀고 독립을 했다. 서울야식에서 아주 멀지 않은 곳에 있는 방 두 개가 딸려 있는 상가주택을 얻었다. 가게 문을 통해서 안쪽으로 들어가면 방이 있는 구조였기 때문에 출퇴근할 필요가 없었고 틈틈이 아이들도 보살필 수 있었다. 무엇보다 낮에도 장사를 할 수 있었다. 점포는 다섯 평 정도였다. 테이블은 세 개만 놓고 배달을 하겠다는 생각으로 얻은 가게였다. 메뉴는 김치찌개와 된장찌개를 비롯해 10가지 정도의 메뉴 그대로였는데, 뒷집 아주머니를 고용해서 주방의 조리를 맡겼다.

어머니는 늘 나에게 "장사를 하더라도 밑천 적게 들어가는 거로 해라"고 말씀하셨다. 자본금이 적게 들어야 위험을 줄일 수 있다는 말씀이었다. 어머니는 이제 그런대로 자리를 잡은 '서울야식'을 동생에게 물려주고 스스로 독립해서 '이조식당'이라는 새로운 식당을 연 것은 축하할 일이지만, 다시 처음부터 시작해서 단골이 생기고 식당이 자리를 잡을 때까지는 고생스러울 것이라고 걱정하셨다.

새롭게 전단을 인쇄하고 처음부터 다시 시작해야 했다. 새로운 메뉴로는 생선구이, 된장 비빔밥, 제육볶음 등을 포함시킨 다음에 적극적인 마케팅을 펼치기 시작했다. 낮에 장사하는 것은 제시간에 잠을 잘 수 있고, 또 밤에 쫓기지 않고 아이들을 보살필 수 있어서 좋았다. 하지만 단골이 만들어지기까지는 상당한 시간이 필요할 것 같았다. 주요 고객이 야식과 달리 회사에서 사무업무를 보는 직원들이었다. '집밥'이라는 콘셉트는 같았지만, 점심 역시 식당들의 경쟁이 치열했기 때문에 홍보도 더욱 열심히 해야 했다. 서울야식을 3년 동안 하면서 "홍보는 뿌린 만큼 거둔다."라는 것을 경험으로 배웠기 때문에 처음보다는 수월했다.

전단을 돌리면서 배달할 수 있는 지역의 반경을 조금씩 확장했다. 내가 배달할 수 있는 지역을 조금씩 넓힐 때마다 배달 주문이 조금씩 증가할 확률도 그만큼 더 높아진다. 그리고 새로운 메뉴를 포함시켜서 고객의 선택권을 넓혀 주었다. 그렇게 3개월이 지나면서 가게의 매출이 증가하기 시작했다. 서울야식을 할 때는 메뉴의 대부분이 찌개 종류였는데 생선구이 정식, 된장 비빔밥, 제육볶음 정식 등 직장인들의 입맛에 맞는 새로운 메뉴 몇 가지를 포함시켰다. 비록 다섯 평의 작은 가게였지만, 우리 가게만의 정성에 고객을 먼저 생각하는 가치를 더했을 때 고객을 만족시키는 식당이 되기에 충분했다.

이조식당도 웬만큼 자리를 잡기 시작했다. 1년이 지나면서부터는 저축도 늘어나고 생활이 안정되어 갔다. 그때부터 공부를 해야겠다는 생각이 들어서 장사에 관한 책을 보기 시작했다. 비록 지금은 봉덕동 헬기장 앞에서 작은 식당을 하고 있지만, 언젠가는 아주 큰 식당을 경영하겠다는 꿈이 있었기 때문에 책도 보고, 근처에 있는 유명하고 손님이 많은 식당은 그냥 지나치지 않고 유심히 살폈다. 손님이 많은 '대박' 식당을 보면서는 '저 식당은 왜 저렇게 손님이 많은 것일까?'라는 궁금증이 생겼고 나도 언젠가는 저렇게 큰 식당을 경영하겠다는 꿈을 키웠다. 나는 고깃집을 운영하고 싶었다. 아이들에게 고기도 실컷 먹이고 배달을 하지 않고도 많은 돈을 벌 수 있을 것 같았기 때문이다.

이조식당의 위치는 봉덕동 관제탑 바로 앞이었다. 헬기가 이륙할 때면 주문 전화의 내용을 정확하게 파악할 수가 없어서 손님에게 몇 번이나 다시 물어야 했다. 손님의 입장에서 같은 말을 반복하는 것이 짜증스러웠을 것이다. 그런 손님들께 배달이라도 빨리 해서 조금이라도 기분을 풀어드리고 싶었다. 보슬비가 내리는 어느 날이었다. 여느 때처럼 헬기 소음 속에서 어렵게 주문전화를 받은 다음에 배달에 나섰다. 마음이 급해져서 평소보다 오토바이를 조금 빨리 몰았다. 500미터 정도 달리고 있는데, 갑자기 골목길에서 어린아이가 뛰어나왔다. 순간 오토바이를 180도 꺾으면서 급브레이크를 잡았는데 오토바이가 그대로 아스팔트에 미끄러졌다. 싣고 있던 배달음식이 길바닥에 모두 엎어지고 나도 아스팔트 바닥에 내동댕이쳐지고 말았다. 10년 동안 오토바이 배달을 하면서 넘어지고 미끄러져서 다친 적이 여러 번 있었다. 하지만 그날처럼 큰 사고는 처

사고 후에 상권과 입지의 불리함을 배달을 통해 극복하겠다고 마음먹은 내 생각의 한계를 알게 되었다.

음이었다. 옷은 찢어지고, 다리에서 피가 흘렀는데 손가락 하나 까딱할 수 없었다. 지나가던 행인이 119에 신고를 해서 구급차에 실려 병원으로 가는데 하염없이 눈물이 흘렀다. 아파서 우는 것이 아니었다. 구급차에 실려 병원으로 가는 내 모습이 너무 초라해서 눈물이 났다. 회사를 퇴직하고 10년이 넘도록 장사를 했지만, 다섯 평 가게를 벗어나지 못하고 여전히 오토바이로 배달을 하고 있는 내 모습이 한심했다.

매일 성실하고 부지런하게 살았지만, 경제적 상황은 눈에 띄게 좋아지지 않았다. 회사원의 월급보다 조금 나은 정도였다. 이마저도 아내와 내가 함께 고생해서 벌어들이는 것이라고 생각하면 그렇게 큰돈이 아니었다. 상권이 발달하지 않은 헬기장 앞에 위치해 있는 것도 요인이었지만, 무엇보다 상권과 입지의 불리함을 배달을 통해 극복하겠다고 마음먹은 내 생각의 한계였다. 식당의 매출은 고객수와 음식의 단가에 비례하는 것인데 테이블이 세 개밖에 없으니 손님이 적을 뿐만 아니라, 음식의 단가도 배달 식당들의 치열한 경쟁

• 느티나무 돈가스 •

으로 높지 않았다.

아내와 아이들을 고생시키면서 10년 세월 동안 배달 식당을 했는데, 목돈을 모은 것도 아니고 미래에 대한 명확한 비전을 얻지도 못했기 때문에 나의 몸과 마음도 지쳐갔다. 무엇보다 매일매일 배달을 해야 하는 이 생활에서 벗어나고 싶었다. 내가 살아갈 수 있는 방법이 음식배달에만 있는 것도 아닐 텐데, 10년 동안 배달만 하고 있으니 점점 바보가 되는 기분이었다. 가정 경제도 마이너스에서는 벗어났지만, 아이들은 진학에 따른 학비는 물론이고 평생 가족들이 여행 한번 갈 수 없을 것 같았다.

전환점이 필요했다. 우선, 지금부터라도 머릿속으로 생각만 해오던 일을 실제로 펼쳐보고 싶었다. 그리고 무엇보다 아내와 아이들에게 멋진 아빠의 모습을 보여주고 싶었다. 오토바이 사고 후에 집에서 몸을 추스르면서 내가 생각해 왔던 계획을 아내에게 이야기했다. 이제 배달 식당을 그만두고 매장 영업을 하고 싶은데 프랜차이즈 고깃집이 좋을 것 같다고 말했다. 그동안 여러 번에 걸쳐 수정한 사업계획서를 보여주면서 자본금은 대략 1억 5,000만 원 정도가 필요하다고 말했다. 아내는 가만히 내 이야기를 듣고는 한 치의 망설임도 없이 그렇게 하자고 했다. 자칫 잘못하면 서울야식과 이조식당에서 10년 동안 고생하며 푼푼이 모은 돈을 한 번에 날릴 수도 있는 일이었지만, 아내는 나에게 생각한대로 해 보라고 응원해 주었다. 1억 5,000만 원은 우리가 가진 전 재산이었을 뿐만 아니라,

지난 10년 동안 우리 가족이 모은 피와 땀이었다. 내가 아내에게 이 이야기를 꺼낼 때는 아내가 조금만 더 심사숙고해 보자는 정도의 반응만 보여도 성공적이라고 생각했는데, 걱정하지 말고 시작해 보라는 아내의 반응은 예상 밖이었고 그래서 감동적이었다. 서울야식과 이조식당을 하면서 고생하며 모은 돈이 들어있는 통장을 나에게 선뜻 건네주는 아내가 너무 고마웠다. 예상치 않았던 아내의 전폭적인 지원과 응원에 세상을 얻은 것 같은 기분이었다.

회사를 그만두고 야식집을 시작했을 때는 식당경영을 몰라도 너무 몰랐다. 그래서 10년이 넘도록 제대로 여행 한번 못가고 가족들을 고생시켰지만, 10년 세월을 헛되이 보낸 것만은 아니었다. 평소에 배달을 하면서 동네 구석구석 잘 되는 식당은 한번도 그냥 지나치지 않았다. 일을 끝마치고 여러 가지 자료와 책을 보면서 독립창업과 프랜차이즈 창업의 장단점을 비교 분석하면서 '브랜드 가치'라는 것에 대해서도 어렴풋이 알게 되었다. 조금 더 시스템이 잘 갖춰진 프랜차이즈를 선택해서 지금보다 조금이라도 나은 방향을 찾고 싶었다. 물론 경제적인 문제를 최우선으로 고려한 선택이었다.

서울야식과 이조식당은 나에게 인내심을 가르쳐 주었고, 가장 열악한 상황에서 살아남는 법을 가르쳐 주었다. 그 시간은 나와의 처절한 싸움이었고, 소중한 경험이었다. 무작정 시작한 식당이지만 배달하며 넘어지고 깨지며 몸으로 터득한 여러 경험은 무엇과도 바꿀 수 없는 살아있는 공부였다. 식당에 대한 지식과 준비는 없었지만,

'서울야식'과 '이조식당'은 가장 열악한 상황에서 살아남는 법을 가르쳐 주었다.

10년이 넘도록 힘든 장사를 지속할 수 있었던 원동력은 간절함이었다. 아들딸이 태어나고 분유 값을 걱정하며, 마이너스 없는 생활고에서 벗어나야겠다는 그 간절함이 10년의 세월을 버티게 해주었다. 그리고 그 간절함은 또 다른 시작을 꿈꾸게 해주었다.

그 시절을 돌아보면 나는 이상하게 유도라는 운동이 생각난다. 유도의 가장 중요한 포인트는 상대의 중심을 무너뜨리는 것이다. 하지만 우리가 유도를 배울 때, 처음으로 배우는 것은 상대를 넘어뜨리는 기술이 아니라 '낙법'이라고 하는 넘어지는 기술이다. 낙법의 핵심은 부상을 최소화하는 것이다. 이를 위해서 충격을 분산시켜야 하고 넘어지는 속도는 늦춰야 한다. 무리해서 손을 짚거나 버티려고 하는 것은 오히려 큰 부상으로 연결될 수 있다. 물론 애초에 넘어지는 상황이 없으면 좋겠지만 그럴 수는 없다. 사는 것도 이와 같다는 생각이 든다. 살면서 항상 좋은 날만 있을 수는 없는 법이다. 그렇기 때문에 넘어질 수밖에 없는 상황이라면 제대로 넘어져서 부상을 최소화하는 '낙법'을 배우는 것이 중요하다. 나는 실패나 좌절도 낙법처럼 그 목적은 다시 일어서는 데에 있어야 한다고 생각한다. 넘어질 수밖에 없다면 잘 넘어짐으로써 부상을 최소화하고 다시 일어서는 것이 중요하다. 아무리 능숙하다 하더라도 넘어졌기 때문에 일정 정도의 고통이 수반될 수밖에 없다. 넘어지는 고통으로 인해 얻은 반성과 성찰은 남은 생에 도움이 되겠지만 낙법을 제대로 익히지 않으면 일어설 수조차 없다. 나에게 서울식당과 이조식당의 10년은 바로 낙법을 배운 시기였던 것 같다.

프랜차이즈 창업

"프랜차이즈 점주의 고민은 언제까지 매출의 지속성을
유지할 수 있을 것인가에 있다.
매출을 유지하고 향상시킬 수 있는 방법을 찾고 매출이
지속적으로 하락할 때에는 운영할 것인지를 냉철하게 판단해야 한다."

내 인생 터닝 포인트 '벌집 삼겹살'

2008년은 내 인생의 터닝 포인트였다. 아내가 10년 동안 모은 1억 5,000만 원을 '벌집 삼겹살' 가맹점에 모두 투자했다. 아내는 나를 서울야식과 이조식당을 하면서 어렵게 저축한 통장을 한 치의 망설임도 없이 내주었다. 나는 그 돈이 어떤 돈인지 누구보다 잘 알고 있었기에 벌집 삼겹살을 잘 해야 한다는 책임감이 더 컸는지 모른다. 개그맨 이승환 씨가 대표였던 벌집 삼겹살은 당시 외식업계에서는 핫한 아이템으로 떠오르고 있었다. 대구에서 가맹점 20호점을 넘겼을 때쯤부터 나는 그 아이템을 눈여겨보면서 나름 열심히 분석했다. 가맹점 계약을 하기 전에 먼저 오픈했던 사장님들의 진

솔한 이야기를 듣고 싶어서 시지 가맹점, 장기 가맹점, 반야월 가맹점 등 여러 가맹점을 일일이 찾아가서 수익률과 상권과 입지 등을 여쭈어 보았다. 내가 미리 조사했던 자료와 비슷하게 모두 성업 중이었고 수익률도 예상보다 높았다.

대구는 음식 프랜차이즈에 관해서만큼은 아주 특별한 도시다. 전국에서 프랜차이즈 본부들이 입성하기가 가장 까다로운 지역인 동시에 한번 입소문이 나기 시작하면 순식간에 도시 전역으로 퍼져나가는 사례가 반복되는 도시이기 때문이다. 벌집 삼겹살은 경북대 가맹점을 비롯한 대부분의 가맹점이 상권이 잘 형성된 지역에 입점해 있었다. 우선 가맹점을 할 수 있는 장소를 먼저 물색했는데 상권이 좋은 자리는 권리금만 해도 만만치 않아서 몇 천만 원부터 몇억 원에 달했다. 나는 내가 가진 자본금에 맞춰서 대구에서 가까운 경산의 영남대 점에 입점하는 것으로 결정을 했다. 중심 상권에서는 조금 벗어나 있었지만, 영남대학교 주변으로는 아직 벌집 삼겹살을 판매하는 가게가 없었기 때문에 충분히 승산이 있을 것이라고 생각했다. 대학가의 중심 상권의 경우에는 권리금만 최소 1억 원을 넘는 가게들이 대부분이어서 나는 중심 상권에서 100m 정도 떨어진 곳에 있는 60평 점포를 권리금 없이 임대했다. 점포를 계약하기 전에 건물의 등기부 등본을 확인하고는 시청에 가서 도시정비계획을 알아보았다. 내가 계약하려는 점포 앞의 큰 길은 비가 오면 질척거리는 비포장도로였고 가로등도 제대로 설치되어 있지 않았다. 하

벌집 삼겹살 이승환 대표와 함께

지만 계약을 하고 한 달이 지나면 그 점포 앞의 길을 포장해서 도로를 낸다는 것이 도시계획에 나와 있었다. 그렇게 만들어진 도로가 중심 상권으로 이어지도록 계획되어 있었는데, 나는 도시계획을 살펴본 후에 확신을 갖게 되었다. 경산시청의 도시정비계획을 확인한 후에 가맹계약을 끝마치고 인테리어 공사를 시작했다. 동네 주민들은 이곳에 삼겹살집을 한다고 했더니 모두들 장사가 되겠냐며 걱정을 하셨다. 비가 오는 날이면 비포장도로는 질퍽한 흙탕길로 변했고, 그 흙탕길을 바깥쪽으로는 가시넝쿨이 즐비했던 당시의 점포 앞 풍경을 감안하면 충분히 이해할 수 있는 일이었다. 하지만 나는 동네 분들의 걱정을 따뜻한 격려로 받아들였다. 중심 상권으로 통하는 새 도로가 점포 앞으로 뚫리기만 하면 벌집 삼겹살 가게는 승산이 충분하다고 판단했기 때문이다. 다음날에는 일면식도 없는 도로포장 공사 책임자인 현장 소장님을 찾아가서 도로정비 공사의 완공예정일과 공사 진행계획을 여쭈어보았다. 그리고 현장 소장님이 말씀해 주신 도로포장 공사계획에 맞춰 우리 가게의 개업일을 맞추기 위해 일정을 재조정했다. 무엇보다 한 달 뒤 개업을 목표로 인테리어 공사를 서둘렀다. 현장 소장님께서는 고맙게도 말씀하신 일정에 맞춰서 도로포장 공사를 완료해 주셨고, 곧바로 가게 앞에 가로등 공사도 진행되었다.

나는 하루도 빠짐없이 인테리어 공사를 확인했고 집기를 들여놓는 일정도 꼼꼼하게 체크했다. 다행스럽게 개업하기 하루 전에 가게 앞의 도로 공사와 가로등 공사가 완료되었다. 길가에 가시넝쿨이 늘어서 있던 비포장도로에 덩그렇게 위치했던 점포가 가로등을 설치하고 도로를 포장한 다음 인테리어 공사까지 마친 후에는 번듯한 가게로 재탄생되었다. 나는 기대와 설렘으로 밤새 한숨도 잘 수 없었다. 마치 영화감독이 영화를 만들어 놓고 개봉 일을 기다리는 심정이었다. 그래도 입지가 중심 상권에서 벗어나 있었기 때문에 행여나 잘못되면 어떻게 하나 솔직히 걱정도 많이 됐지만, 열심히 홍보한다면 아무 문제없을 것이라고 스스로를 다독였다.

오픈 이틀 전, 가 오픈을 통해 예행연습을 했다. 미리 뽑은 직원

・느티나무 돈가스・

들과 손발을 맞추고 동선도 점검했다. 고객 분들께 시식 평가를 받는 날이기 때문에 가족들은 물론 지인들까지 초청했다. 나는 주방과 홀을 왔다 갔다 하면서 음식과 직원들의 움직임을 체크했다. 숯불과 불판까지 점검이 끝나자 손님들이 띄엄띄엄 들어오기 시작했다. 손님들이 그렇게 반가울 수 없었다. 직원들과 큰소리로 인사를 하고 일사불란하게 움직였다. 정식 오픈이 아니라 가 오픈이어서 이틀에 걸쳐서 다섯 시간씩만 가게의 문을 열었다. 그 이틀 동안 찾아주신 손님들의 반응과 지인들의 평가는 기대 이상이었다. 뭔지 모를 좋은 예감이 들었다.

오픈하는 날에는 본사에서 이벤트 차량과 나레이터 모델들까지 지원을 했고, 나 역시 직원들과 함께 떨리는 마음으로 손님 맞을 준비를 했다. 가랑비가 흩날려서 있어 마음을 졸이고 있던 찰나에 손님들이 갑자기 몰려오기 시작했다. 대학생들이 어떻게 알았는지 오픈한 지 채 1시간도 지나기 전에 23개의 테이블을 가득 채웠다. 한마디로 대박이었다. 그 순간의 감동은 어떻게 표현할 수가 없다. 내 생에서 가장 잊을 수 없는 날이고 내 생에서 가장 기쁜 날이었다. '이제 됐구나!' 하는 안도감과 함께 기쁨이 몰려왔다. 손님들이 가득 메운 가게를 바라보는 아내의 눈에는 눈물이 맺혀 있었다. 말로는 표현할 수 없는 기쁨의 눈물이었을 것이다. 그 순간 나도 울컥했다. 서로 말을 하지는 않았지만 아내와 나는 알고 있었다. 지난 10년의 세월이 주마등처럼 스쳐 지나갔다. 기쁨도 잠시였다. 아내는 팔을

벌집 삼겹살은 내 인생의 터닝포인트가 되었다.

걷어붙이고 손님 테이블로 뛰어갔다. 직원들과 아르바이트생들도 "어서 오세요!"라고 힘차게 인사를 했다. 정신이 없었다. 매장은 어느새 고기 굽는 연기와 손님들이 누르는 테이블 벨 소리가 가득 했다. 가게 앞에서는 마이크를 들고 흥을 돋우는 나레이터 모델의 목소리와 음악 소리가 끊임없이 들려왔고, 밖에서 대기하는 손님들의 줄이 밤늦도록 이어졌다.

그날 밤 나는 퇴근할 수가 없었다. 손님들이 가게를 가득 채운 벅찬 감동의 여운이 가시지 않았던 것도 있었지만, 생각치 못한 문제가 생겼기 때문이었다. 다음날 장사를 하려면 불판을 닦아야 했다. 그 밤에 남아서 불판 세척을 해야 했는데 나는 새벽까지 불판을 닦

• 느티나무 돈가스 •

고 정리했다. 새벽이 되었는데 피곤하기보다는 오히려 정신이 맑았고, 빨리 날이 밝아서 다시 장사를 시작하고 싶은 마음이 간절했다. 지친 몸으로 집에 도착해서 감정을 추슬렀다. 오픈 첫날에 '대박집'처럼 장사가 됐다고 해서 들뜨면 안 된다고 스스로 체면을 걸었다. 그리고 긴장을 늦추지 말고 홍보에 조금 더 집중할 필요가 있다고 스스로를 설득했다. 다음날은 전단 대신 오픈 기념품으로 준비한 가게 약도가 인쇄된 작은 물티슈를 2,000개를 영남대학교 정문 앞에 서서 학생들에게 나눠줬다. 전단은 보고 버리는 비율이 높지만, 물티슈는 대부분 버리지 않고 가져 간다. 물티슈를 가지고 간 손님들이 포장에 인쇄된 약도를 보고 한 번이라도 가게를 찾아준다면 광고는 성공이다.

벌집 삼겹살을 하겠다고 결심했을 때 나는 사업계획서에 SWOT 분석을 해보았다. 나의 강점과 약점을 최대한 자세하게 적어보았는데, 강점은 다른 무엇보다 벌집 삼겹살이라는 브랜드 자체의 인지도였다. 손님들이 이미 벌집 삼겹살에 대해 잘 알고 있다는 점이 최고의 강점이었다. 하지만 아무래도 중심 상

아쉽게도 당시의 '낡은 봉고차'는 사진이 남아 있지 않다.

권에서 떨어진 입지는 약점이었다. 그래서 약점은 보완할 수 있는 계획을 세웠다. 학교 앞 공터 한쪽에 낡은 봉고차를 주차해 두고 가게의 약도가 그려진 현수막을 차에 둘렀다. 길거리에 현수막을 부착하는 것은 불법이었기 때문에 낡은 봉고차를 홍보 게시판으로 이용한 것이다. 봉고차를 세워둔 공터는 길을 오가는 사람들의 눈에 잘 띄는 위치였기 때문인지 현수막의 홍보 효과는 기대했던 것보다 훨씬 컸다.

오픈 다음날에도 가게는 손님들로 가득 찼다. 오픈 일에 엄청나게 많은 손님을 맞이하느라 이리 뛰고 저리 뛰는 경험을 했기 때문인지 직원들은 첫날보다 한층 더 안정적으로 손님을 맞이했다. 메뉴를 주문받고 기본 상차림을 세팅하는 과정이 훨씬 자연스러워졌

•느티나무 돈가스•

다. 주방에서도 웃음소리가 들려왔다. 몸은 힘들었지만 식당의 좋은 분위기가 오히려 힘이 되었다. 오픈을 준비하는 과정에서 느꼈던 불안감이나 걱정은 이미 저만큼 사라지고 할 수 있다는 자신감이 그 자리를 채웠다. 매장에서는 직원들이 열심히 움직여 주었고, 나는 매일매일 학교 앞에 서서 학생들에게 물티슈를 나눠줬다. 저녁이 되면 홍보물인 물티슈를 들고 식당으로 찾아오는 학생들이 하나둘씩 늘어나고 있었다. 예상한 대로 였다.

내가 10년 동안 배달 식당을 운영하면서 매출을 꾸준하게 유지할 수 있었던 비결은 단순하다. 단골의 재주문 비율을 높이기 위해 노력을 기울이는 것과 함께 신규 고객의 확보를 위한 노력도 게을리 하지 않았다는 것이다. 서울야식과 이조식당에서 배달을 하는

동안 나는 거의 매일 전단지를 돌렸다. 전단지의 중요성을 10년 동안이나 몸으로 배운 내가 홍보를 게을리하거나 가볍게 생각하는 것은 있을 수 없는 일이었다.

배달에서 벗어나 매장에서 장사를 시작하니 행복했다. 고깃집의 매출은 괜찮았지만, 아침 10시에 출근해서 새벽 2시까지 하루 16시간을 가게에 투자해야 했고 대구에서 경산까지 출퇴근을 했기 때문에 수면시간이 절대적으로 부족했다. 다행히 장사는 잘 되었고 내 인생의 터닝 포인트가 되었다. 배달하지 않고 매장에서 매출이 올라가니 장사가 재미있어지기 시작했다. 고기를 숙성시킨 다음, 숯불을 피우고 불판을 닦으면 어느새 하루가 지나갔다. 그렇게 1년이 지나도록 손님들이 문전성시를 이루었다. 이유는 간단했다. 벌집 삼겹살이 싸고 맛있었기 때문이다. 1인분에 5,900원인 벌집 삼겹살은 돼지고기에 벌집 모양으로 칼집을 내고 와인에 숙성을 했는데 식감이 부드럽고 냄새도 나지 않았다. 게다가 매장 직원들의 팀워크가 아주 좋았다. 점장을 중심으로 아르바이트생과 주방직원까지 서로를 이해하고 배려했다. 가끔 개그맨인 이승환 대표도 매장을 방문해서 홍보를 도와주었다.

나 역시 궂은일을 마다하지 않았다. 주로 불판을 닦는 일과 삼겹살 초벌 작업을 맡았는데 다른 사람들에게는 힘든 일일 수도 있겠지만, 10년 동안 거의 하루도 빠지지 않고 배달을 하던 나에게는 그렇게 힘든 일이 아니었다. 오토바이에 음식을 싣고 배달을 나가면 한여름에는 아스팔트 열기를 온몸으로 느껴야 했고, 한겨울에는 불어오는 칼바람을 온몸으로 받아야 했다. 그렇게 4층 계단을 수없이 오르내렸던 시절에 비하면 불판을 닦는 일은 아무것도 아니었다.

영남대학교의 중심 상권에도 돼지고기를 구워먹을 수 있는 가게들은 많았지만, 우리 벌집 삼겹살의 인기는 정말 대단했다. 중심 상권에서 조금 벗어나 있었음에도 불구하고 매출을 지켜낼 수 있었던 원동력은 벌집 삼겹살의 맛과 가격이지만 다른 한편으로는 직원들의 활기찬 에너지도 한몫을 했다. 게임을 하듯 가위 바위 보를 해서 진 사람이 테이블을 치우고, 그렇게 테이블을 치우고 있으면 이긴 사람은 그냥 쉬는 것이 아니라 테이블 닦는 동료들을 위해 불판을 정리해 주는 등 서로를 배려하며 재미있게 일하는 모습을 보고 있으면 저절로 웃음이 났고 뿌듯했다. 나도 직원들의 생일을 챙겨주고, 한 번씩 회식을 통해서 사기를 북돋웠다.

지금까지도 그랬지만, 앞으로 세월이 흐르더라도 아마 삼겹살이라는 아이템은 치킨과 더불어서 우리나라 외식

외식 메뉴의 변치 않는 스테디셀러 삼겹살과 치킨.

메뉴의 영원한 스테디셀러로 남을 것이다. 어떻게 해석하고 어떻게 발전시켜 나가느냐에 따라 성공과 실패가 결정되겠지만 충분히 대중성도 있고 수요층도 두터운 것은 사실이다. 하지만 색깔 없는 해석은 대중들에게 외면을 받게 된다. 벌집 삼겹살도 어느 정도 입소문이 나면서 유사 브랜드가 출시되기 시작했고, 벌집 삼겹살의 이미테이션 매장들도 생겨나기 시작했다. 하지만 모두 벌집 삼겹살처럼 오래도록 자리를 잡지는 못했다. 외식업에서 지속성은 가장 중요한 요소 가운데 하나이다. 프랜차이즈 창업을 생각하시는 분들 역시 선택 과정에서 지속성을 가장 중요하게 생각하지 않을까 싶다.

그렇게 3년을 지나면서 매출이 조금씩 하향 곡선을 그리기 시작했다. 프랜차이즈 가맹점 특성상 오픈하고 몇 년의 시간이 지난 후에도 매출이 꾸준할 수는 없다. 프랜차이즈 점주의 고민은 항상 언제까지 매출의 지속성을 유지할 수 있을 것인가에 있다. 그래서 매출을 유지, 향상시킬 수 있는 방법을 찾고, 또 매출이 지속적으로 하락할 때에는 가맹점을 계속해서 운영할 것인지 여부를 스스로 냉철하게 판단해야 한다. 이를 위해 매출 분석을 철저히 하는 것이 중요하다. 여러 가지 분석을 통해 음식의 맛과 퀄리티, 그리고 매출의 지속성을 유지하는 것은 실제로 프랜차이즈 본사의 역할이라기보다는 점주의 몫이다.

4년째에 접어들면서부터 적자는 아니었지만 처음 오픈할 때보다 매출이 많이 줄어들었다. 하지만 점주인 내가 열심히 일하면 일하는 만큼의 금전적인 보상은 챙길 수 있을 정도였다. 매장의 수익이 한 사람의 인건비로는 충분한 정도였기 때문에 벌집 삼겹살 매장은 그대로 유지를 하면서 새로운 시도를 해 보고 싶었다. 벌집 삼겹살을 처음 시작할 때의 열정적인 나를 되찾아서 다시 한번 나의 열정을 쏟을 수 있는 새로운 기회를 만들어야겠다는 생각으로 가득했던 때였다.

오븐에 구운 닭으로 한 번 더 일어서다

상권입지가 중심 상권에서 떨어져 있어서 오픈할 때에는 학교 정문 앞에 서서 물티슈를 나눠 주기도 했지만, 내가 느낀 프랜차이즈 벌집 삼겹살의 브랜드 효과는 놀라웠다. 굳이 전단을 돌리지 않아도 사람들은 이미 이 브랜드를 알고 있었다. 하지만 3년이 지날 때쯤부터 매출이 떨어지기 시작했다. 그래서 나는 다시 한번 변화를 결심했다. 물론 벌집 삼겹살 투자금의 2배가 들어가는 모험이었기에 불안감도 있었지만, 나는 확신이 있었다. 문제는 관리였다. 벌집 삼겹살 경산과 오븐에 구운 닭의 대구 매장을 먼 거리에도 불구하고 매일 관리를 할 수 있을지 고민했다. 나에게는 또 다른 시작이었다. 2012년 가을이었다. 벌집 삼겹살 가맹 4년 차에 나는 오븐에 구운 닭 가맹점을 하나 더 하기로 결정했다. 오븐에 구운 닭 프랜차

나는 '오꾸닭'을 시작하기 위해 사전에 본사의 자본금 규모와 브랜드의 스토리를 체크했다.

이즈가 대구에서만 가맹 20호점을 기록하며 막 떠오르고 있는 시
점이었다. 나는 오븐에 구운 닭 가맹점을 운영하고 싶었다. 부산에
있는 본사에 연락을 한 다음 상권과 입지 파악에 들어갔다. 내가 생
각한 최고의 점포는 영남대학교병원 네거리에 있는 감자탕 집이었
는데, 그 자리에 오븐에 구운 닭 브랜드로 입점하고 싶었다. 부동산
업체의 중재로 감자탕 가게의 사장님과 만나서 의견을 나누었고 적
절한 권리금을 지불하는 선에서 계약이 이루어졌다.

　권리금과 보증금에 집기와 인테리어를 더했더니 총투자금액은 3
억 원 정도가 예상되었다. 투자금은 벌집 삼겹살의 두 배였지만, 사

업타당성 검토 결과 충분히 승산이 있다고 판단했다. 벌집 삼겹살 가맹점을 시작하고 운영했던 노하우와 인맥을 적극적으로 활용해서 이미 오픈해서 운영 중인 가맹점 점주님들을 만나 여러 가지 이야기를 들으면서 시행착오를 줄일 수 있는 방법은 물론 본사의 자본금 규모와 오븐에 구운 닭의 브랜드의 스토리까지 꼼꼼하게 체크했다. 오븐에 구운 닭은 이미 서울 경기지역에서 '오빠 닭'으로 유명한 회사의 자회사였고, 두 회사의 대표님들이 형제였다. 오빠 닭 대표님은 피자로 유명한 '피자에땅'이라는 브랜드를 설립하신 분이라고 했다. 브랜드 인지도는 이미 손님들에게 널리 알려져 있었고, 톱스타를 모델로 내세워 TV 광고까지 공격적으로 진행하고 있었다. 마진율은 벌집 삼겹살보다는 다소 떨어졌지만, 예상 매출액은

오븐에 구운 닭이 훨씬 높았기 때문에 가맹사업을 진행하기로 결정했다. 입지는 전에 이조식당을 했던 곳에서 멀지 않은 곳에 위치하고 있는 상권이었기 때문에 누구보다 잘 알고 있었다. 배달을 하면서 수없이 지나다닌 곳이어서 상권이나 입지환경은 잘 알고 있었지만 문제는 자본금이었다. 자칫 잘못하

비전이 분명하고 그 일을 감당할 자신이 있다면 도전은 언제나 옳다고 생각한다.

면 배달 10년과 벌집 삼겹살 4년의 세월이 한번에 물거품이 될 수도 있는 것이어서 무리한 결정이 아닐까라는 걱정도 많았다. 그리고 벌집 삼겹살을 시작할 때와 달리 이번에는 아내를 설득하는 데에도 시간이 꽤 걸렸다.

초심을 잃지 않는 간절한 마음으로 열심히 새로운 가맹점에 대한 자료를 모았다. 사업계획서를 수십 번 수정하면서 매일같이 가게를 보러 다녀야 했다. 어쩌면 내 인생에서 가장 큰 모험일지도 모르는 일이었기 때문에 신중에 신중을 기했다. 밤마다 영남대학교병원 사거리에서 나와서 다른 점포들의 고객 수를 헤아렸다. 내가 아무리 잘 알고 있는 상권이라도 유동인구는 시시각각 변하기 때문에 2주 정도는 그 상권을 지켜봐야 한다고 생각했다. 이번 사업은 배달을 하지 않는 매장 형태의 콘셉트라서 우리가 흔히 말하는 '치킨 집'이라고 해도 입지의 중요성은 전혀 다른 것이었다. 어떻게 보면 이 아이템의 승패는 상권입지에 의해 결정된다고 해도 과언이 아니었다. 내가 얻은 점포는 40평의 매장이었는데 사거리에서 한눈에 보이는 아주 좋은 장소에 위치해 있었다. 주요 목표고객은 영남대학교병원의 직원, 환자와 환자 가족, 문병 온 사람들을 비롯해서 주변 사무실의 직원들, 그리고 영남이공대학의 학생들이었다.

"기름에 튀기지 않은 건강한 치킨, Well-being 치킨"이라는 오븐에 구운 닭의 슬로건에서 드러나듯이 오븐에 구운 닭은 당시로서는 색다른 먹거리였을 뿐만 아니라, 치킨에 대한 참신하고 새로운 해석이었다. 한마디로 새로운 트렌드였던 것이다. 배달하지 않는 매장 형태의 치킨 집 역시 차별화된 콘셉트였다. 무엇보다 오븐에 금방 구워서 나온 치킨을 바로 그 자리에서 먹어보면 그 맛이 그야말로 일미였다. 그리고 닭에는 염지라고 하는 소금 절임의 과정이 있는데 사람들과 함께 시식해본 결과 다른 치킨에 비해서 소금 절임이 조금 높게 느껴져서 맥주를 생각나게 하는 맛이었다.

오븐에 구운 닭 가맹점 사업에는 내가 가진 모든 걸 걸어야 했다. 엄청난 모험이었고 도전이었다. 성공한 사업가들이 보면 우습게 들릴지는 모르지만, 나에게는 10년이 넘도록 한푼 두푼 모은 간절함이었고, 벌집 삼겹살 하루 15시간이라는 노동의 결실이 녹아 있었기 때문에 다시 한번 내 인생의 모든 것을 거는, 올인all-in의 순간이었다. 물론 어떤 창업이든 불안한 마음은 있었지만 나는 이 아이템을 꼭 하고 싶었고 꼭 성공할 수 있다는 자신감도 있었다.

10년 동안의 오토바이 배달이 나를 단련했기 때문인지 어떤 일을 해도 그다지 힘들지 않았다. 비전이 분명하고 내가 그 일을 감당할 자신이 있다면 도전은 언제나 옳다고 생각했다. 안 하고 후회하기보다는 해 보고 후회하는 것이 가치 있다고 생각했기 때문에 오븐에 구운 닭 가맹계약을 결정했다. 가맹계약을 체결한 후에는 부산 직영점에서 일주일 동안의 교육이 있었다. 대구에서 부산으로 아내와 출퇴근을 하며 닭을 굽는 기술과 파우더를 입히는 방법을 자세히 배우고 실습했다. 그 사이에 매장의 인테리어가 진행되고 있었고, 직원들도 미리 뽑았다. 매장 도면대로 작업이 잘 이루어지고 있는지 매일매일 점검했고 가맹계약을 체결하기 전에 미리 사귀었던 북구 가맹점주님의 배려로 주방과 홀의 실전 연습을 반복했다. 모두 똑같은 교육을 받지만 가맹점마다 시스템은 조금씩 다를 수 있다. 그래서 여러 매장을 미리 둘러보고 직원들의 동선이나 움직임을 미리 익혀두고 체크해 보는 것이 중요하다. 이러한 사전연습과 조사는 매장을 오픈했을 때 실수를 줄일 수 있는 거의 유일한 방법이다.

오픈이 다가오면서 설렘과 기대도 있었지만 한편으로는 걱정도 많았다. 잘 해야 한다는 강박관념에서 벗어나기 위해 주사위는 이미 던져졌고 결과에 연연하지 말고 최선을 다하자는 생각으로 각오를 다졌다. 오픈 전날은 벌집 삼겹살과 마찬가지로 잠을 이룰 수가 없었다. 머릿속에는 다음날 오픈에 대해서 이것저것 생각할 것도 많았고 사전에 체크해야 할 부분도 많았다. '과연 내 판단이 옳았을까?' 머릿속에 생각이 너무 많았다. 하지만, '진인사 대천명'의 심정으로 가 오픈 없이 바로 오픈했다. 다음날 오후 5시, 미리 직원들의 역할을 확인한 다음 두근거리는 마음으로 결의를 다졌다. 드디어 오픈을 하고 손님들이 매장 테이블을 하나둘씩 채우더니 한 시간이 지나면서는 빈 테이블 하나 없이 매장의 좌석이 꽉 찼다. 그리고 바로 가게 앞에서 손님들의 긴 웨이팅 줄이 만들어지기 시작했다. 대박이었다. 온몸에 전율이 돌았고 동시에 안도의 한숨이 흘러나왔다.

혹시라도 잘못될까 노심초사했었는데 오픈 날의 광경은 그 걱정을 모두 사라지게 했다. 프랜차이즈 가맹점의 경우에는 오픈하는 날이 굉장히 중요하다. 독립창업과 달리 프랜차이즈 창업은 이미 브랜드 인지도가 높은 상태이기 때문에 오픈하는 날의 분위기를 통해 그 점포의 승패를 어느 정도 가늠할 수 있을 뿐만 아니라, 향후에 지속성에도 상당한 영향을 미치게 된다.

닭을 굽기 시작했다. 200도의 오븐에서 숨 돌릴 틈도 없이 구웠다. 직원들은 힘차게 '어서 오세요!'라고 외쳤고, 주문벨 소리가 여기저기서 쉴 새 없이 울렸으며 음악 소리와 손님들의 이야기 소리가 뒤섞여서 정신이 없었다. 가게 밖에서 기다리는 손님들은 빈자리가 나기만을 기다리고 있었다. 주방직원 두 명의 손길은 더욱 빨라졌고, 점장과 홀 서빙 아르바이트생들은 쉴 새 없이 맥주를 날랐다. 나는 계산대를 지키며 매장 전체를 바라보는데 벌집 삼겹살 개업 날이 재현되는 느낌이었다. 어머니와 친구들이 찾아와서 축하해 주었고, 아내도 그제야 안도하는 표정이었다. 오픈하기 전에는 긴장하고 걱정하던 아내가 활짝 웃으며 다행이라고 축하해 주었다. 오픈하기 전 자본금이 모자라서 은행대출까지 받았을 때 아내는 무리하게 사업을 확장하는 것은 아닌지 노심초사했었다. 그런데 오픈하는 날 가게의 분위기를 보더니 돌아가신 아버님이 도와주시는 것 같다며 안도의 한숨과 함께 감사의 눈물을 흘렸다.

오븐에 구운 닭이라는 아이템의 매력은 오븐에서 방금 구워낸 치킨을 맥주와 함께 바로 먹는다는 것에 있다. 일반적인 배달 치킨이나 치킨 가게와는 달리 카페 같은 분위기에서 치킨과 맥주를 먹고 마시는 새로운 음주문화를 즐기는 아이템이었다. 남녀노소 누구나 좋아하는 메뉴이다 보니 본사의 까다로운 QSC관리(품질, 서비스, 청결관리)가 뒤따랐는데 너무 잦은 방문에 살짝 귀찮다는 생각이 들 정도였다. 하지만 나는 슈퍼바이저의 불시 방문으로 제품, 서비스, 위생 상태가 점수로 평가되는 시스템이 마음에 들었다. 80점 이하의 점수가 나오면 영업을 정지시키겠다는 것이 본사 가맹조건 가운데 하나였다. 나는 본사의 규정에 어긋나지 않도록 매장 관리에 정성을 기울였다. 홀 서빙 아르바이트생들의 손톱과 두발 상태부터 인사하는 태도와 청소상태, 그리고 치킨의 조리방식에 이르기까지 손님들께 최상의 서비스를 제공하기 위해 나름 매일 매일 세심하게 살폈다. 본사에서도 신메뉴를 개발해서 적절한 시기에 출시해줘서 오븐에 구운 닭에 대한 매력이 단골손님들에게 계속해서 어필할 수 있었다. 하지만 긴장을 늦추지는 않았다. 대개의 외식 프랜차이즈는 매출이 지속되는 기간이 짧을 뿐만 아니라, 언제 브랜드의 인기가 시들해질지 모르는 특성을 갖고 있기 때문에 매장관리에 최선의 노력을 기울여야 했다.

벌집 삼겹살과 오븐에 구운 닭, 두 개의 매장을 관리하면서 깨닫게 된 사실 하나는 외식사업에서는 시스템과 교육이 다른 어떤 것보다 중요하다는 것이다. 서울야식과 이조식당처럼 작은 식당이라

외식 프랜차이즈는 참신하고 새로운 해석이 무엇보다 중요하다.

고 해서 시스템을 갖추지 않고 직원들의 교육을 소홀히 할 경우에
는 결과적으로 업주 혼자 장사할 수밖에 없는 한계에 부딪히게 된
다. 식당은 음식의 맛도 중요하지만, 서비스와 위생, 마케팅, 분위기
등 모든 것이 융합되어야 한다는 사실을 다시 한번 느끼게 되었다.
그리고 오너는 음식에 대한 원칙과 철학이 있어야 한다는 사실도
알게 되었다.

　치킨 사업은 AI 조류인플루엔자가 발생하면 닭의 수급이 원활하
지 못했고 계절의 변화에 따른 원재료의 가격변동도 심했다. 본사
는 가맹점으로부터 수익을 내는 구조이기 때문에 닭의 수급이 원활
하지 않으면 원재료의 가격 인상이 불가피한 조치일 수 있지만, 가

맹점의 입장에서는 원재료의 가격이 상승한다고 해서 판매하는 치킨의 가격을 그때그때 올릴 수는 없다. 또한 가맹 계약으로 인해 원재료의 개별적인 매입도 가능하지 않았다. 그런 상황 속에서는 가맹점의 수익이 줄어들 수밖에 없다.

오븐에 구운 닭은 처음 1년 동안의 매출과 수익률이 가장 높았다. 2년이 지나고부터는 매출 곡선의 상승세가 꺾이기 시작했고 3년이 되어갈 무렵에는 브랜드 인지도가 낮아지면서 매출도 완연히 하향세로 돌아섰다. 프랜차이즈 음식의 맛은 시종일관 크게 변화가 없기 때문에 고객들의 발길은 새로운 먹거리가 나타나면 그쪽으로 돌아서기 마련이다.

나는 본사에 매장을 양도하고 싶다고 말했다. 일부의 점주들은 매출이 떨어져도 투자 대비 수익률이 괜찮다고 생각되면 혼자서 여러 개의 매장을 운영하기 위해 매장을 인수하기도 했다. 얼마 지나지 않아 약간의 권리금을 받고 매장을 양도했다. 개인적으로 이번 사업은 만족할만한 성과를 거두었다. 새로운 공부였고, 좋은 경험도 했기 때문이다. 우리나라 치킨 브랜드의 현실과 수익률에 대해 많은 것을 알게 되었고, 나중에 기회가 된다면 다른 브랜드의

프랜차이즈 창업은 유행에 민감해서 매출의 변화가 급격하다.

• 느티나무 돈가스 •

치킨가게를 한 번 더 운영해 보고 싶은 생각도 있다.

프랜차이즈 창업은 아이템의 선택이 무엇보다 중요하다. 그에 못지 않게 중요하지만 간과하는 것이 있는데 바로 타이밍을 잡는 것이다. 프랜차이즈 식당은 트렌드의 변화에 따라 매출 곡선도 급변하기 때문에 시작과 마무리의 순간을 결정하는 일이 성공과 실패를 결정할 수도 있기 때문이다. 이와 달리 독립창업은 브랜드 인지도가 떨어지기 때문에 적은 매출에서 시작하지만, 시간이 지날수록 매출 곡선이 상승세를 그리는 경우가 있다. 그리고 상황에 따라 조금씩의 차이는 있겠지만, 독립창업은 프랜차이즈처럼 유행에 민감하게 반응해서 매출이 급격하게 변화하지는 않는다는 사실을 알게 되면서 또 다른 사업에 구미가 당겼다.

자만이 낳은 첫 번째 실패 '포 포차'

벌집 삼겹살은 창업 후에 7년 동안 이어갔다. 하지만 매출은 조금씩 떨어지고 있었다. 새로운 시도가 필요했다. 당시에 대학가에서는 실내포차가 유행하고 있었는데 포 포차라는 프랜차이즈가 '1m 꼬치'라는 메뉴로 SNS에서 인기가 높았다. 꼬치는 학생들은 물론 직장인들도 선호하는 메뉴였고, 본점의 매장 분위기는 활기찼다. 대구 본사와 함께 직영점을 세 번 정도 방문했는데 빈자리가 없을 정도였다. 나는 크게 고민하지 않고 본사를 찾아갔고 본부장님을 만

나서 벌집 삼겹살 매장을 포 포차 프랜차이즈로 리뉴얼하고 싶다고 말했다. 본사에서는 새로운 가맹점 하나가 생기는 일이기 때문이었겠지만 반갑게 맞아 주었다. 그리고 매출과 수익률에 대해서도 자세하게 설명을 들었다. 투자금은 집기와 인테리어 비용으로만 1억 5,000만 원이었다. 당시에 나는 두 번의 프랜차이즈 경험을 통해서 자신감이 충만해 있었다. 포 포차의 메뉴는 대학생들이 좋아할 만한 메뉴였고, 기본적으로 술을 판매하는 식당이었기 때문에 객 단가도 나쁘지 않을 것이라는 생각이 들었다. 술과 안주를 주문하면 떡볶이와 달걀부침은 무한 리필로 제공되는 시스템이어서 가격에 비해 상차림도 상당히 푸짐해 보였다.

본사와 가맹계약을 맺고 인테리어를 시작했다. 벌집 삼겹살은 7년의 영업을 끝으로 종료했다. 그리고 가게를 리뉴얼하면서 나는 포 포차로 다시 새로운 도전에 나섰다. 인테리어는 실내포차에 어울리는 분위기를 조성하기 위해 조명과 테이블에 심혈을 기울였다. 간판도 예쁘고 화려하게 제작했다. 공사를 진행하는 동안 본사에서 메뉴 교육이 진행되었고, 주방장과 매니저를 비롯해서 직원 6명을 미리 뽑았다. 인테리어는 빠르게 진행되었고 계약 후 20일 만에 포 포차를 오픈했다. 3월 새 학기 개학에 맞춰 오픈 계획을 세웠는데 예상대로 신입생 환영회와 동아리 모임 등 단체예약이 많이 들어왔다. 한번은 기계과 학생 130명을 한꺼번에 받았는데 의자가 모자라서 빌려오기까지 했다. 매장은 그야말로 북새통이었고, 직원들은 땀을 뻘뻘 흘리며 정신없이 일했다. 신학기라 동아리 모임도 많았고, 친구나 연인들도 편안하게 술 한 잔을 할 수 있는 매장이라서 오픈 당시의 분위기는 나쁘지 않았다. 그렇게 정신없이 한 달을 보낸 후에 월매출 정산을 하면서 나는 깜짝 놀랐다. 생각했던 것보다 수익률이 너무 낮았다. 그야말로 '풍요 속의 빈곤'이었다. 원재료비의 비중이 너무 높았다. 학생들이 손님의 대부분을 차지하다 보니 떡볶이와 달걀부침 무한 리필이 부담으로 작용했다. 장사는 잘 되고 있는데 수익률이 낮다는 것은 운영과 시스템의 문제였다. 처음부터 원가 계산을 잘못했던 것이다. 결과적으로 나의 자만심이 문제였다. 두 번의 프랜차이즈 운영과 '작은 성공'을 통해서 이제는 어떤 일을 하든 잘할 수 있다는 자만심에 초심을 잃었고, 시장조사와 원가 분

실내포차라는 새로운 도전에 나섰던 포 포차.

석을 꼼꼼하게 하지 않았던 것이 이런 결과로 나타났던 것이다.

전에 했던 프랜차이즈 매장은 준비과정에서 이미 오픈했던 다른 점주님들을 만나 매장의 운영과 관련된 문제점이나 애로사항을 들어보고 원가 분석과 수익률도 꼼꼼하게 비교하고 분석했다. 하지만 포 포차의 운영 초기에 겪게 된 시행착오는 그런 준비 과정을 무시하고 본사의 설명과 순전히 나의 주관적인 판단만으로 덜컥 계약부터 했기 때문에 생긴 문제점들이었다. 설상가상으로 포 포차는 다른 프랜차이즈와 달리 오픈 6개월이 지나면서부터 매출이 빠르게 떨어지기 시작했다. 일반적으로 프랜차이즈 음식점의 쇠퇴기는 2년 정도인데, 이 시기가 되면 고객들이 음식에 대해 싫증을 느끼기 시작한다. 그런데 포 포차는 다른 프랜차이즈에 비해 매출 하락이 훨씬 빨리 시작되었다. 포 포차 브랜드의 대중적 인지도가 낮은 것도 하나의 원인이었다. 본사에서는 무리한 사업 확장을 진행했고 이로

장사는 잘 되었지만, 수익률이 낮았다. 나는 리뉴얼을 선택했다.

• 느티나무 돈가스 •

포 포차의 기본 인테리어.

인해 가맹점에 대한 관리나 지원이 제대로 이루어지지 않았다. 게다가 본사 직영점을 매도한다는 소문까지 돌고 있었다. 매달 매출하락으로 답답했지만, 내가 선택한 길이었기 때문에 어떻게든 헤쳐나가야 했다. 먼저 인건비 부담을 줄이기 위해 필수 인력 두 사람을 제외한 나머지 사람들을 정리했고 포차의 운영 시스템도 바꿨다. 주방 일을 내가 맡으면서 20여 가지의 메뉴를 줄이고 직원 두 사람과 함께 장사를 지속했다. 하지만 내가 먼저 지치기 시작했다. 어떤 일이든 마찬가지겠지만 수익이 생기지 않고 재미도 없어지면 식당 일이라는 것이 지옥처럼 느껴진다. 음식에 대한 열정과 자부심도 사라지고 열정도 자부심도 없기 때문에 손님이 와도 반갑지 않게 된다. 하루하루 의무적으로 문을 열고 닫는 의욕 없는 식당 주인이 되었다. 1년이 지나자 한계에 부딪혔다. 메뉴도 바꿔보고 가격도 내리고 침체된 매장 분위기를 바꿔보겠다고 노력했지만 쉽게 나아지지 않았다. 나는 다시 한번 결단을 해야 했다.

피해를 최소화하기 위한 리뉴얼, '화덕 삼겹살'

긴 터널에서 빠져나올 수 있는 대안을 모색했다. 이대로 가게 문을 닫을 수는 없었고, 어떻게 해서라도 분위기를 바꿔야 했다. '목돈을 들이지 않고 어떻게 할 수 있는 방법이 없을까?'라는 고민 끝에 다시 한번 리뉴얼을 감행하자는 결론이 나왔다. 이번 아이템은 화덕에 구운 삼겹살이었다. 삼겹살을 화덕에서 한 번 구워낸 다음에 테이블로 가져 와서 돌판에 다시 구워주는 시스템이었다. 나는 이 화덕 삼겹살이 돌파구가 되어줄 것이라고 생각했다. 본사는 서울에 있었는데 대구에 프랜차이즈 매장을 계획 중이어서 담당자와의 미팅은 순조롭게 진행되었다. 그리고 리뉴얼에 필요한 비용은 2,000만 원으로 합의했다. 일단 매장에 화덕을 설치하고 테이블과 의자를 모두 바꿨다. 비용을 최대한 아끼기 위해서 페인트칠과 철거 작업의 일부는 내가 직접 했다. 사용가능한 집기를 따로 모아두었다. 포차에서 고깃집의 느낌으로 분위기를 바꾸는 것에 중점을 두었다.

다시 초심으로 돌아갔다. 개업 떡과 음료수를 들고 동네 경로당

'화덕 삼겹살'은 피해를 최소화하기 위한 대안 모색의 결과물이었다.

을 찾아가서 인사를 드리고 홍보전단을 나눠주는 것으로 재 오픈을 준비했다. 예전에 같이 일했던 직원들을 다시 채용하고 가게 홍보에 집중했다. 열흘 만에 매장을 새롭게 열었다. 드디어 화덕 삼겹살 오픈 첫날 직원들은 인형 탈을 쓴 복장으로 학교 정문 앞에서 전단을 나눠주며 화덕 삼겹살을 홍보했다. 수능시험을 마친 아들까지 아빠를 도와주겠다고 합세해 삼겹살을 굽고 홀 서빙을 도왔다. 여기서 실패하면 마지막이라는 각오로 나는 벌집 삼겹살을 처음 시작할 때처럼 하루 15시간의 노동을 이어갔다.

매장에는 손님들이 들어오기 시작했다. 포차의 기억을 지우고 손님들에게 집중해야 했다. 사각형의 돌판이 세팅된 테이블에 초벌구이를 마친 삼겹살을 올린 다음 손님들이 드시기 좋도록 가위로 잘라주었다. 돌판 위에 고기를 자르는 동안 손님들과 소통할 수 있었고, 고기를 다 자른 후에는 혹시 남아 있을지도 모르는 잡내를 없애기 위해 소주를 뿌려 '불쇼'를 연출했다. 손님들은 불쇼에 놀라기도 하지만 금세 손뼉을 치면서 좋아했다. 고기를 먹은 후에는 돌판에서 밥을 볶아 주었는데, 뜨거운 돌판 위에 남아있는 고기의 기름과 김치와 김 가루가 어우러진 볶음밥의 맛은 일품이었다.

역시 정성이 답이었다. 손님들은 정성이 들어간 음식은 금방 눈치를 챘다. 포차의 메뉴들은 정성이 들어간 음식이라기보다는 메뉴판을 가득 채우기 위해 형식적으로 만든 안줏거리로 가득했다. 또

한 메뉴의 종류가 너무 많았기 때문에 조리과정에서 정성을 기울일 수 있는 시간적 여유도 없었다. 화덕 삼겹살은 고기의 육즙을 살리기 위해서 화덕에서 초벌구이를 마친 고기를 손님 테이블에서 다시 한번 구웠기 때문에 손님들은 편하게 먹을 수 있다는 장점이 있었다. 초벌을 마친 고기를 자르는 것 또한 정성이라 생각해서 나는 열심히 고기를 잘라드렸다.

포 포차 1년을 마감하면서 반성하고 깨달은 것이 있다. '대충해도 되겠지.'라는 것은 이 세상에 존재하지 않는다는 것이다. 포 포차 본사와 가맹계약을 하기 전에 사업 타당성을 조금만 더 세밀하게 검토를 했더라면 하는 아쉬움이 남아 있었다. 처음 벌집 삼겹살을 준비할 때처럼 그 간절한 마음이 있었다면 아마 시행착오를 겪지 않았을 것이라는 후회도 했다. 하지만 지나간 일에 연연할 필요는 없다. 지난 실수를 빨리 잊고 다시 준비하면 길은 반드시 있다.

화덕 삼겹살의 매출이 안정되어 가고 있었다. 그렇게 1년이 지났을 때쯤, 동네 부동산에서 찾아 와서 매장을 적당한 권리금에 넘길 생각이 없는지를 물었다. 감자탕 집을 하시려는 분인데, 대학교 상권에서 60평 정도의 매장을 찾던 중 우리 가게가 마음에 들어 인수하고 싶다는 것이었다. 겨우 안정을 되찾은 매장을 매각하려니 고민이 되었지만 결정해야 했다. '화덕 삼겹살이라는 프랜차이즈가 얼마나 지속될 수 있을까?'를 냉철하게 생각해 보았다. 프랜차이즈 가맹점을 하는 사람이라면 누구나 그 브랜드의 지속성이 가장 염려된다. 언제 트렌드가 바뀔지도 모르고, 언제 손님들의 입맛이 바뀔지도 모르기 때문에 늘 불안한 것이다. 고민 끝에 양도하기로 결정을 했다. 그런데 이상하게 마음이 편안했다. 일을 안 하고 쉬어도 된다는 안도감이 아니라 화덕 삼겹살 프랜차이즈의 '수명'에 대해서 걱정을 안 해도 된다고 생각하니 마음이 편안했던 것이다. 그동안 프랜차이즈를 하면서 트렌드에 맞춰서 아이템을 연구하고, 기획하고, 투자해서 돈도 벌었지만 마음고생도 심했다. 사실 프랜차이즈 음식점에 대해서는 이미 어느 정도 지쳐 있었고, 그래서 내적 갈등도 심한 상태였다. 특별한 기술이 없어서 프랜차이즈 가맹을 선택했던 것은 옳은 선택이었다고 생각하지만, 독립창업보다 자본금 부담률이 높았기 때문에 항상 리스크에 대한 부담이 있었다. 뿐만 아니라, 음식을 대하는 장인정신이 부족했고 늘 투자한 자본금의 회수에 신경이 쓰일 수밖에 없었다. 그래서 외식업의 개념을 다시 정립해야겠다는 생각에 적당한 권리금에 매장을 양도했던 것이다.

오랜만에 가족들과 여행을 떠났다. 아들과 딸은 너무 좋아했고, 아내가 활짝 웃는 얼굴도 오랜만이었다. 그동안 가족들에게 너무 소홀했다는 마음에 목이 메였다. 가족들과의 추억을 등한시 했던 나 자신을 돌아보는 기회였다. 이제는 쉼 없이 달리기보다는 주위의 소중한 사람들을 돌아보면서 천천히 가야겠다고 생각했다.

· 느티나무 돈가스 ·

독립창업

**느티나무
칼국수&돈까스**

"젊은 시절 아내와 이조식당을 하면서
함께 고생했던 그 자리에 건물을 세우고,
그곳에서 새롭게 장사를 시작하는 기쁨은 말로 형언할 수 없는
감동이 있었다. 마치 운명 같았다."

1500만 원으로 만든 '느티나무 칼국수&돈까스'

독립창업을 해야겠다고 결심했다. 골목상권에서 유명한 '맛집'을 만들어서 오래가는 식당을 만들고 싶었다. 프랜차이즈 창업은 브랜드 파워는 있지만 지속성이 짧다는 것을 경험해 보았기 때문에 오히려 한 자리에서 오래갈 수 있는 나만의 브랜드를 만들고 싶었다. 5년 전 난생처음 아내와 내가 가게를 열었던 이조식당 자리에 상가주택을 짓고 1층 상가는 돈가스 가게에 임대를 하고 있었다. 그 돈가스 가게를 하시던 아주머니가 서울로 이사를 하게 됐다는 연락이 왔다. 내가 처음 시작했던 가게 자리에서 새로운 아이템으로 다시 시작하는 것도 의미 있는 일이라는 생각이 들어서 돈가스를 재해석

해 보기로 했다. 세상에 하나밖에 없는 돈가스를 만들고 싶다는 마음으로 요리 공부도 시작했다. 돼지고기를 두드리고, 소스를 만들고, 고기를 숙성하는 과정부터 튀기는 과정까지 모든 것을 다시 배우면서 실습을 반복했다. 돼지고기 등심을 망치로 두드려서 밀가루와 달걀, 그리고 빵가루를 입히는 과정을 무수히 반복하고 있었는데 이상할 정도로 마음이 평온하고 재미있었다.

몇 년 전에 아내와 범어동 근처로 칼국수를 먹으러 갔다. 가게의 고풍스러운 한옥 인테리어가 마음에 들었는지 아내는 갑자기 칼국수 집을 한번 해보고 싶다고 했다. 나는 곧바로 부동산 사무실을 찾아가서 칼국수 집 사장님을 만나게 해달라고 했다. 영문도 모른 채 부동산 사무실로 나온 칼국수 집 사장님께 나는 '제 아내가 사장님 칼국수가 너무 맛있어서 칼국수 집을 해보고 싶다고 하는데 혹시

당시에 잘 운영되고 있던 식당의 실비와 기술력까지 이어받아서 운영했던 느티마을 칼국수

• 느티나무 돈가스 •

사장님 가게를 양도할 생각은 없으세요?'라고 직접적으로 여쭤보았다. 조심스럽게 말을 했지만 당황스러우셨을 것이다. 그런데 뜻밖에도 칼국수 집 사장님은 그렇지 않아도 5년 동안 가게를 했더니 건강이 좋지 않아서 권리금만 적당하다면 가게를 넘기고 싶다고 말씀하셨다. 그 자리에서 칼국수 사장님과 이야기를 마치고 한 시간 후에 양도 양수 계약을 체결했다.

일종의 인수 창업이 된 것이다. 인수 창업이란 현재 운영되고 있는 가게의 설비는 물론 기술력까지 그대로 이어받아서 하는 창업이다. 대부분의 경우 어느 정도 안정적인 매출을 기대할 수 있지만 권리금이 부담스러울 수도 있다. 집에 돌아와서 아내 이름으로 된 계약서를 보여주며 칼국수 가게를 한번 해보라고 했더니, 깜짝 놀라던 아내의 표정이 지금도 생생하다. 그렇게 아내는 그곳에서 1년 동안 칼국수 가게를 했다.

느티나무 돈가스를 기획하면서, 아내가 운영했던 칼국수와 돈가스를 같이 팔면 좋겠다는 생각을 했고, 아내에게 칼국수와 관련된 노하우를 교육받았다. 등심을 두드려 돈가스를 만들고 밀가루 반죽과 면을 뽑는 요령을 익히면서 나는 어느덧 정말 음식을 만드는 것을 사랑하는 '주방장'이 된 것 같았다. 음식에서 가장 중요한 것은 진정성이라고 생각했기 때문에 음식에 쏟은 나의 정성이 손님들께 전달된다면 아무리 외진 상권이라도 손님들이 찾아주실 것이라고 생각했다. 처음에는 느티나무 돈가스의 브랜드 인지도가 없기 때문에 시간이 걸리겠지만 나중에는 백 년을 가는 느티나무 돈가스를 만들고 싶었다.

1층 상가에 "느티나무 칼국수&돈까스"라는 간판을 달았다. 감회가 새로웠다. 젊은 시절 아내와 이조식당을 하면서 함께 고생했던 그 자리에 건물을 세우고, 그곳에서 새롭게 장사를 시작하는 기쁨은 말로 형언할 수 없는 감동이 있었다. 마치 운명 같았다. 지난 20년 동안 돈을 벌어서 그 자리에 건물을 짓겠다는 생각을 가지고 있었다. 그리고 프랜차이즈 식당을 하면서도 언젠가 이조식당으로 돌아가서 나만의 식당을 만들겠다는 생각이 항상 마음 한편에 있었다.

20평 규모의 상가는 돈가스와 칼국수 가게에 적당했다. 인테리어로 비용도 최소화했다. 집기 비용도 많이 들지 않았다. 테이블 9개와 냉장고, 튀김 기계, 반죽 기계를 배치하니 번듯한 가게가 되었다. 인테리어와 집기를 포함한 총투자 비용은 1,500만 원이었다. 물론 내 소유의 건물이어서 보증금이 필요없었다고 하더라도 1,500만 원으로 가게를 세팅할 수 있었던 것은 그동안 축적된 노하우 덕분이었다. 실제로 식당의 경우에 투자비용을 최소화하면 그만큼 실패확률을 낮출 수 있다. 비용을 최소화한 만큼 리스크가 낮아지고 고정비용도 줄어들 것이기 때문이다. 크고 화려한 매장보다는 작은 맛집이 되는 것을 목표로 했다. 일본의 어느 우동 집처럼 장인정신으로 무장된 오래된 식당으로 손님들께 기억되고 싶었다.

오픈 날에는 항상 그랬던 것처럼 앞집, 옆집, 뒷집 할 것 없이 동

· 느티나무 돈가스 ·

세트 메뉴의 상차림과 대표적인
돈가스와 칼국수

네에 돈가스를 나눠드렸다. 동네 사람들은 한결 같이 축하해 주었
고 응원해 주었다. 동네 사람들은 거의 10년 만에 돌아온 나를 반
갑게 맞아 주었다. '이조식당 아저씨'에서 '느티나무 아저씨'로 달라
진 것을 제외하면 아무것도 바뀌지 않은 것 같았다. 여러 명의 종업
원들과 함께 정신없이 바쁘게 움직이고 손님들로 문전성시를 이루
었던 프랜차이즈 식당에 대한 생각은 모두 잊었다. 어쩌면 이 작은
식당이 나에게 더 큰 행복을 가져다줄지도 모른다는 생각이 들었다.

2016년 5월에 '느티나무'는 칼국수와 돈가스 전문점으로 문을 열었다. 지금은 단골손님도 많이 늘어서 테이블 9개에 일 매출 100만 원에 이르는 성과를 내고 있다. 돈가스와 칼국수 모두 수제로 만들기 때문에 아침이면 고기를 두드리고, 소스를 만들고, 밀가루 반죽을 하는 것이 내 일상이다. 힘들지만 내가 만든 음식을 손님들이 맛있게 드시고 나갈 때 보람을 느낀다. 식사를 마치고 나가는 어떤 아주머니는 나에게 이런 말을 했다.

"우리 아이는 아토피가 심해서 가끔 외식을 한 날에는 가려움 때문에 잠을 못 자는데 '느티나무' 식당에서 외식을 한 날은 가려워하지 않고 잘 자요. 좋은 음식을 만들어줘서 고맙습니다."

방부제나 화학 첨가물을 최소화한 우리 가게의 음식을 건강한 음

'느티나무' 식당은 와인 숙성 등으로 방부제나 화학 첨가물을 최소화한 '착한 돈가스'라는 자부심이 있다.

식이라고 칭찬해 주는 아주머니의 말이 나에게는 최고의 칭찬인 동시에 '느티나무' 식당이 내세우는 첫번째 경쟁력이다.

'느티나무' 식당의 또 다른 경쟁력은 돈가스와 칼국수를 주문하면 비빔밥을 무료로 먹을 수 있다는 것이다. 주문한 손님들은 돈가스와 칼국수가 나오기 전에 비빔밥 그릇을 들고 셀프 바 앞에서 순서를 기다린다. 점심시간이면 셀프 바 앞에 비빔밥을 먹기 위해서 줄을 서는 장면이 이제는 '느티나무' 식당의 자연스러운 문화로 자리 잡았다. 돈가스와 비빔밥은 어울리지 않는 조합 같지만, '느티나무' 식당의 손님들은 일반 경양식집에서 돈가스와 함께 나오는 맨밥보다는 '느티나무' 식당의 비빔밥이 더 맛있다고 하신다.

돈가스의 소스는 각종 과일과 채소 등 20여 가지의 재료를 넣어서 매일 끓인다. 정성이 들어간 음식을 가장 먼저 알아보는 것은 그 음식을 먹는 사람들이다. 돈가스 소스를 공장에서 대량으로 만들어서 쓸 수도 있다. 하지만 나는 방부제가 들어가지 않는 신선한 재료로 만든 고집스러운 소스로 이 자리에서 오래도록 장사를 하고 싶다. 그래서 칼국수도 직접 반죽을 해서 면을 뽑아서 사용한다. 직접 면을 뽑는 일도 상당한 노동이 필요하지만, 끓여서 먹어 보면 공장에서 대량으로 제조한 면과 확연한 차이를 느낄 수 있기 때문에 그 또한 감수해야 하는 일이라고 생각한다. 오랫동안 손님들께 인정받고 신뢰받는 식당이 되기 위해서는 재료의 출처도 모두 분명히 하고, 음식에는 어떤 꼼수도 사용하지 않을 생각이다.

'느티나무' 식당 바로 앞에는 미군 헬기장이 있다. 평소에는 유동 인구가 거의 없는 아주 외진 상권이다. 손님들 대부분은 직접 차를 운전해서 찾아오시는데 너무 감사하다. 돈가스와 칼국수 한 그릇을 위해 기름 값까지 쓰며 찾아온 손님들께 내가 보답할 수 있는 것은 정직한 음식과 친절함밖에 없다. 처음 오시는 분들도 있고 4년째 방문해 주시는 단골손님도 있는데 모두 한결같이 감사한 분들이다. 그분들이 계시기 때문에 오늘도 '느티나무' 식당이 존재할 수 있는 것이다.

가게 이름을 정할 때도 많은 고민을 했다. 손님들에게 힐링이 되는 음식을 만들고 싶었고, '아낌없이 주는 나무'가 되겠다는 의미로 '느티나무'라고 지었다. 오랫동안 생명력을 가지는 '느티나무'가 되기 위해 늘 노력할 것이다. 매장의 규모보다는 내실이 튼튼한 '느티나무'로 키울 것이다. 모두 다섯 명의 직원이 같이 일하고 있는데 점심시간에는 3명이 파트타임으로 일하고 저녁시간에는 2명이 파트타임으로 일하고 있다. 모두 자기 일을 하면서도 서로를 배려하고 협업도 하는 모습을 보면 비록 20평의 작은 가게지만 이분들과 함께하는 것이 매일 행복하다.

식당 운영의 관점에서 보면, 프랜차이즈 식당이 아니기 때문에 트렌드에 예민하게 반응하지 않아도 되고 매출이 오르고 내리는 것에 따라 일희일비하지 않아도 된다. 프랜차이즈 식당은 본사에서 공급하는 원재료의 가격이 높기 때문에 일정 규모의 매장을 운영하다 보면 수익률에 민감해지고, 인건비와 임차료에 신경을 쓸 수밖에 없다. 지금의 '느티나무' 식당이 수익률이나 인건비 등의 부담에서 자유롭다는 사실은 장기적으로 엄청난 장점이 될 것이다. 하지만 혼자서 운영하는 매장이기 때문에 모든 것을 기획하고 사소한 것들까지 직접 결정해야 하는 것은 어려운 점이다. 투자금액의 측면에서도 프랜차이즈보다 비용이 적게 드는 것은 분명하지만, 프랜차이즈와 같은 브랜드파워, 즉 고객들의 결정에 영향을 미치는 강력한 임팩트가 없기 때문에 개인이 운영하는 식당은 초창기에 대박을 기대하기가 어렵다.

어떤 일이든 장단점이 있고 크든 적든 리스크가 없을 수는 없다. 개인의 성향에 따라, 그리고 자본금의 규모에 따라 적절한 선택을 하면 충분하다고 생각한다.

배달에서 대학 강단으로

식당과 관련해서 여러 가지 시도를 했고, 또 그 과정에서 많은 경험을 했다. 앞에서 다 말하지 못한 '쌈닭'과 '고기 꼬기'의 창업을 합치면 모두 열 번의 창업을 했다. 친구들이 이제 화분을 보내는 것도 귀찮으니 새로운 가게를 오픈하지 말고 대박을 내서 가게 하나만 꾸준히 하면 안 되겠냐는 '진담 같은 농담'을 건네기도 했다. 가게를 새롭게 오픈하는 일은 어렵고 힘들었지만, 한편으로는 가보지 않은 새로운 길을 걷는 재미도 있었다. 물론 그 길이 흙길일 때도 꽃길일 때도 있었지만, 나에게는 모두 소중한 경험이었고 추억이었으며 공부이기도 했다.

벌집 삼겹살과 오븐에 구운 닭 등의 프랜차이즈를 거치면서 우리 가정의 경제생활은 안정기에 접어들었다. 하지만 한순간의 방심으로 언제든 추락할 수 있는 것이 장사이기 때문에 한순간도 방심할 수 없었다. 식당을 하면 할수록 배움에 대한 갈증은 커져갔다. 난생처음 공부가 하고 싶어졌다. 외식업에 대한 체계적인 공부를 하고 싶었다. 마케팅과 서비스를 체계적으로 배워두면 식당 운영에도 도움이 될 것 같았고 아이들에게 열심히 일하는 아빠의 모습과 함께 항상 노력하고 새로운 길을 모색하는 아빠의 모습도 보여주고 싶어서 늦은 나이에 다시 대학의 외식 경영자 과정에 입학했고 대학원에도 진학하게 되었다. 식당을 운영하면서 학교를 다녔는데 나에게는 학교를 다니고 공부를 하는 시간이 '휴식'처럼 느껴졌다.

어느 날 지도교수님께서 나에게 학생들을 대상으로 창업특강을 해보라는 권유를 하셨다. 처음엔 망설였지만, 학생들 앞에서 강의를 하는 것이 나에게는 다시없는 좋은 경험일 뿐만 아니라 공부도 될 것 같아서 도전에 나섰다. 처음 강단에 섰던 날의 기억이 선하다. 두 개의 반을 합쳐서 대략 140명이나 되는 학생들이 강의실에 빼곡히 앉아서 나만 바라보고 있었다. 엄청나게 긴장을 하고 있는 와중에도 대학에서 처음으로 강의를 한다는 것에 대한 기쁨과 환희가 있었고 나를 바라보는 학생들의 진지한 모습이 나를 설레게 했다.

창업과 관련된 실제적이고 실전적인 부분, 그리고 나의 생생한 경험을 중심으로 거의 열 시간 강의 분량의 PPT를 제작했던 것 같다. 강의를 시작하고는 학생들이 필기도 하고 손을 들어 질문도 하는 모습이 너무 신기하게 느껴졌다. 강의는 두 시간으로 예정되어 있었는데 쉬는 시간 없이 계속해서 강의를 이어갔다. 힘이 들었지만, 학생들의 진지한 얼굴들을 대면하고 보니 강의를 끊을 수가 없었다. 오토바이로 배달을 했던 시절부터 여러 번의 프랜차이즈 식당을 했던 지난 순간들이 스쳐 갔다. 나름 열과 성을 다해 두 시간의 강의를 마쳤을 때, 학생들이 박수를 보내주었다. 그 순간 준비하는 과정에서의 어려움과 강의 시간 동안의 긴장과 피로는 사라지고 마음 한구석엔 뭔지 모를 뿌듯함이 솟아났다.

처음으로 대학에서 특강을 하고 얼마 지나지 않아서 한 대학에서 외식산업에 대한 수업을 맡아 달라는 요청을 받았다. 15주 동안의 강의였는데 고심 끝에 수락을 했다. 결정과정은 어려웠지만 결정을 한 후에는 뭔가 재미있을 것 같았다. 나는 바로 수업 준비를 시작했다. 외식 창업과 관련된 모든 요소들이 중요하지만, 내가 가장 중점을 둔 내용은 학생들이 직접 창업계획서를 만들어보는 것이었다. 창업계획서에 나와 있는 아이템에 대한 검토는 물론 자신의 적성, SWOT 분석, 그리고 팀별 사업 타당성 검토까지 진행하는 수업이었는데 매시간 학생들은 너무나 열정적이었다. 지금까지 기억에 남

창업을 준비한다면 7P 믹스와 육하원칙을 기억했다가 자신의 생각을 점검하라.

는 한 여학생이 있는데, '산비장이의 꿈'이라는 상호에 꽃집과 찻집을 결합한 형태의 창업계획서를 제출했다. 시장조사와 SWOT 분석을 꼼꼼하게 준비한 발표가 인상적이었다.

수업시간은 아니지만, 한두 가지는 꼭 말해 두고 싶다. 누가 "외식 창업 준비는 어떻게 합니까?"라고 물어오면 나는 가장 먼저 대학원에서 배운 마케팅 7P 믹스에 대해 이야기한다. 7P 믹스란 제품Product, 가격Price, 장소Place, 촉진Promotion, 과정Process, 물리적 증거Physical Evidence, 사람People을 말한다. 제품에서 사람까지 식당 창업에 있어서 필수적인 항목이기 때문에 내가 진행하는 수업시간에도 가장 많이 언급했던 내용이다. 더불어 육하원칙도 창업 준비 과정에서 꼭 필

• 느티나무 돈가스 •

요하다. '누가, 언제, 어디서, 무엇을, 어떻게, 왜' 안에는 준비 과정에 필요한 모든 것이 포함되어 있기 때문이다. 외식 창업을 준비한다면 7P 믹스와 육하원칙을 기억했다가 자신의 생각을 점검한 후에 그 생각을 현실에서 펼쳐 보기 바란다.

공부를 한다고 해서 무조건 성공하는 것은 아니지만, 성공의 확률을 높일 수는 있다. 최소한 음식의 가치와 고객의 '니즈Need'와 '원츠Wants'를 조사하고 '공부'하다 보면 창업에 수반되는 리스크를 줄일 수 있다. 결국 누가 더 준비하고 노력해서 성공 확률을 높이느냐의 문제이기 때문에 공부는 반드시 필요하다. 나 역시 성공 확률을 높이기 위해서 요즘에도 관련서적들을 살펴보고 있으며 현장의 감각을 익히고 유지하기 위해 발품을 팔고 다닌다. 그리고 한 가지만 덧붙이자면, 실패 확률을 줄이기 위해서는 검증된 사실에 집중해야 한다는 것이다. 예를 들어, 식당 창업을 준비할 때 '내가 요리를 잘하니까 식당을 하면 잘 되겠지.'라는 태도는 사실이 아니라 막연한 생각에 불과하다. '어떻게 하면 나의 요리 실력을 입증할 수 있을까?'에서 출발해서 고객들에게 요리 실력을 입증한 다음에 창업을 하는 것이 실패의 확률을 줄이는 방법이다. '내가 식당을 하면 장사가 잘 될 거야.'라는 막연한 기대에서 출발하기보다는 '누가 무엇을 어떻게 해서 얼마를 벌었다.'는 사실 확인과 조사가 이루어져야 실패의 확률을 조금이라도 줄일 수 있다는 것이다.

따라서 동일한 업종에 종사하는 사람들과의 소통이 중요하다. 수업시간에 학생들이 토론하는 것을 지켜보다 보면 내가 도리어 학생들에게 어떤 것을 배울 때도 있다. 학생들의 기발한 아이디어는 물론 감각적인 플레이팅이나 포장 디자인 같은 것은 젊은 세대들만의 강점이 잘 드러나는 부분이라 내가 배울 수밖에 없다.

수업을 마치고 학생들과 같이 밥을 먹는 것도 즐거움이다. 식당에서 손님들과의 이런 저런 소통도 좋지만, 학생들과 하나의 주제를 놓고 각자의 의견을 주고받는 것도 상당히 즐거운 일이다. 나는 내가 식당 창업을 통해서 그 분야에 대한 다양하고 깊은 지식을 얻은 것도 아니고, 누군가에게 내세울 만큼 큰 성공을 거둔 것도 아니라고 생각한다. 하지만, 식당을 창업해서 이제껏 먹고 살았고 자식들을 키웠으며 이렇게 학교에까지 와서 강의를 통해 학생들과 대화를 나눌 수 있는 지금의 현실이 나에게는 가슴 벅찬 일이다.

한번은 제자가 요리사로 일하는 식당에 가서 밥을 먹은 적이 있었는데, 그 식당 시스템이 꽤 복잡해서 제자가 힘들어 보였다. 그래도 씩씩하게 웃으며 일하는 제자에게 밥을 먹고 나오면서 어깨를 두드려 주었다. 그 제자는 열정이 많았다. 학교에 다니면서 오후에는 아르바이트가 아닌 매장의 매니저로 일하고 있는데 메뉴 구성부터 수익률 분석까지 모두 기획하고 책임지고 있었다. 하루는 학교에 와서 매장 앞에 배너 하나 세웠을 뿐인데 매출이 상승했다고 좋아했다. 그 배너에 음식 사진과 가격을 쉽게 볼 수 있도록 홍보를 했다는 것이다.

배너 또한 마케팅 7P 믹스에 들어가는 '물리적 증거'이다. 매출을 올리기 위한 모든 유형적 요소 중의 하나인데, 매장의 인테리어부터 시작해서 간판, 메뉴판 등을 통틀어서 물리적 환경이라고 하는데 그것만 잘 이용해도 매출에 도움이 될 것이라고 알려 주면서 마음속으로 '너는 분명히 나중에 성공할 거다. 네가 지금 겪고 있는이 작은 경험들이 하나둘씩 쌓이다 보면 나중에는 상상도 할 수 없는 거대한 자산으로 돌아올 거다. 힘내라!'라고 응원해 주었다. 내심 그 친구를 보며 놀랐다. 나이 23살에 어떻게 저렇게 할 수 있을까? 나는 나이 23살에 뭘 했지? 이런 생각도 들었고 밤늦게까지 주방에서 일하는 제자가 행여 지치지나 않을까? 걱정되기도 했다.

2019년에는 30년 전에 졸업했던 영남이공대학에서 강의요청이 왔다. 모교에서 강의를 한다는 개인적으로 너무나 기쁜 일이었지만, 한편으로는 무거운 책임감이 느껴지는 일이었다. 나의 후배인 학생들에게 하나라도 더 알려주고 싶은 마음에 수업 준비도 철저하게 했다. 학교에 다니던 시절의 나는 수업도 대충, 공부도 대충 대충하는 학생이어서 결코 모범생은 아니었고 공부도 못했던 열등생에 가까웠다. 그런데 30년의 세월이 흐른 후에 이곳에 와서 교수님 소리를 들으며 학생들을 가르치게 될 것이라고는 꿈에도 몰랐다. 역시 '한 치 앞도 알 수 없는 것이 인생'이라는 말이 실감난다.

수업시간에 학생들은 진지했다. 외식 창업의 경험담과 이론을 섞어서 강의내용을 구성했는데 누구라고 할 것 없이 모두 취업이 힘든 시대에 살고 있기 때문인지 졸지 않고 주의 깊게 강의를 들었다. 지금도 창업의 꿈을 가진 학생들에게 나는 계속해서 꿈을 응원해 주고 싶다. 그리고 조언을 원한다면 선배로서 조언도 해 주고 격려도 해 주고 싶다. 20년 전 오토바이 배달로 시작했던 열 번의 창업 경험이, 식당을 운영하면서 대학원까지 졸업했던 나의 경험이 후배들의 성장에 작은 밑거름이 되고 나침반이 되었으면 좋겠다.

배달 오토바이를 몰던 내가 대학에서 학생들을 가르치고 있는 현실이 가끔은 믿기지가 않는다. 한편으로는 여러모로 부족한 내가 학생들 앞에서 강의를 한다는 사실이 부끄럽기도 하고 미안하기도 해서 더욱 열심히 수업준비를 했다. 외식 현장에서 부딪히는 실무적인 이야기는 개인적인 경험을 토대로 정리할 수 있었지만, 외식업에 대한 이론적인 연구나 변증은 관련 서적을 찾아보면서 열심히 준비하는 것 외에는 다른 방법이 없었다. 준비하는 모든 과정들이 쉽지 않았지만, 그 과정을 통해 학생들 못지않게 새로운 지식에 눈 떠가는 나를 발견할 수 있었다. 수업은 듣는 학생보다 준비하는 선생이 더 많이 공부가 된다는 지도교수님의 말씀이 생각났다.

외식 창업은 결코 만만한 일이 아니다. 자본금이 많으면 많은 대로 적으면 적은 대로 리스크를 떠안아야 할 뿐만 아니라, 외식업도 항상 수많은 변수가 생긴다. 청년 창업이든 퇴직 후 창업이든 창업을 반대하지는 않지만 철저한 준비 없이 창업하려는 사람은 도시락을 싸다니면서 말리고 싶다.

외식업을 시작하기로 마음의 결정으로 내린 다음에 콘셉트를 정하려는 순간이 오면 무엇보다 우선적으로 외식업에 대한 자신의 적성검사를 해봐야 한다. 창업하기 전에 스스로가 음식에 대한 열정이 있는지, 기술력은 어느 정도인지, 서비스 업종에 적합한 사람인지, 그리고 어느 정도의 끈기와 인내력을 가진 사람인지를 냉철하게 판단할 필요가 있다. 그리고 외식업에 대한 간절함이 얼마만큼 있는지도 파악해야 한다.

'누구나 창업을 할 수는 있지만, 누구나 성공할 수는 없다.'

외식 창업의 실패 확률을 줄이기 위해서는 모든 일이 그러하듯 본인의 노력과 간절함이 필요하다고 생각한다. 나는 본인의 노력 여부와 간절함의 정도에 리스크가 달라진다고 생각하기 때문이다. '남만큼 해서는 결코 남만큼 될 수 없다.'라는 말처럼 밑바닥부터 경험도 기꺼이 해야 하고 다른 사람들보다 한 발 앞서가기 위한 노력도 반드시 필요하다. 외식 창업에서 정해진 정답은 없다. 인내심을 가지고 한 계단 한 계단 올라가면서 배운 것을 실천하는 것만이 살아남는 비결이다.

내가 학교에서 강의를 시작했던 이유는 명예나 돈이 아니었다. 다만 지금부터 창업을 준비하는 후배들에게 창업에 청춘을 바친 선배로서 조금이라도 도움이 되었으면 하는 바람이 있었을 뿐이다. 지금 책을 쓰고 있는 것도 마찬가지이다. 나의 성공을 세상에 알리려는 목적으로 책을 쓰는 것이 아니다. 이 책을 읽은 독자들 가운데 누군가의 창업 준비에 조금이라도 도움이 되었으면 하는 바람뿐이다. 나의 경험이 어떻게 보면 보잘것없어 보일 수도 있지만, 누군가에게는 나의 경험이 희망의 씨앗이 될 수도 있을 것이라고 생각한다.

욕심이 낳은 실패, 이마트 24 편의점에 도전하다.

'느티나무 칼국수 & 돈까스'를 하면서 욕심을 부린 적이 있었다. 본점 매장의 전체 테이블의 수는 9개이다. 그래서 좋은 상권의 넓은 매장에서 장사를 하면 매출도 증가하고 그러면 더 많은 사람들과 즐겁게 일할 수 있을 것 같다는 생각으로 한꺼번에 2호점과 3호점을 오픈했다. 프랜차이즈가 아닌 독립창업이라고 해도 직영점이 세 개 정도면 브랜드 홍보에도 좋을 것이고 그에 따라 매출과 수익도 비약적으로 증가할 것이라고 생각했다. 2호점은 매장의 넓이 60평이었고 상권 입지도 좋았다. 김밥 집을 했던 장소여서 인테리어 비용도 아낄 수 있을 것 같았고 내가 원한 매장의 콘셉트와도 비슷해서 권리금을 지불하고 계약을 했다. 보증금은 3,000만 원, 월세는 부가세와 관리비를 포함해서 300만 원이었다. 가게의 바로 앞에는 2,000세대의 아파트와 대형할인점이 입점해 있었고 주변으로 숙박업소와 주택들이 모여 있는 꽤 괜찮은 상권이었다. 매장의 크기와 권리금도 적당했기 때문에 계약을 마친 다음 인테리어 공사를 진행했다. 오픈하는 날이 다가오는데 주변 사람들 모두가 2호점을 걱정하는 말들을 전하기 시작했다. 횟집을 시작으로 경양식 집과 김밥집에 이르기까지 이 가게 자리에는 무려 일곱 번이나 업종을 달리하는 사장님들이 입점했지만, 성공해서 자리를 옮긴 사장님은 한명도 없다는 것이었다. 한마디로 2호점이 입점하는 자리가 그동안많은 가게들이 실패를 맛본 곳이고, 그래서 '느티나무 칼국수 & 돈까스'도 성공하기가 쉽지 않을 것이라는 이야기였다. 하지만 나는개의치 않았다. 선택과 집중의 문제라고 생각했기 때문이다.

2호점은 간단하게 인테리어 공사를 끝내고 오픈했다. 얼마 뒤에는 바로 3호점도 오픈했다. 2호점은 상권도 좋고 매장의 크기도 본점의 두 배 이상이기 때문에 당연히 매출도 두 배 이상 나올 것이라고 생각했다. 하지만 나의 예상은 보기 좋게 빗나갔다. 9개의 테이블이 전부이고 외진 상권에 위치한 본점의 매출과 좋은 상권에20개의 테이블을 가진 2호점의 매출이 거의 비슷했다. 우선 2호점은 본점과 투자금에서 비교가 되지 않았다. 본점에 비해 3, 4배 정도의 투자금이 투입되었고 고정비 지출도 많은 상황이어서 적자는아니었지만, 수익률은 기대의 절반에도 못 미쳤다.

3호점은 아파트 상가였는데 규모는 본점과 거의 비슷했다. 테이블의 수도 9개였고 인테리어도 아기자기하게 본점을 벤치마킹해서꾸민 매장이었다. 3호점 역시 분명히 본점보다 좋은 입지였지만 매출은 본점에 미치지 못했다. '세 개의 직영점 중에서 본점이 가장 외진 상권이고 게다가 매장의 크기도 가장 적은데 왜 매출이 가장 많은 것일까?'라는 의문이 생겼다. 철저하게 분석할 필요가 있었다. 나는 2호점, 3호점 주방에 본점과 동일한 레시피를 전달했다. 하지만 똑같은 레시피라고 하더라도 조리하는 사람에 따라 음식의 맛은 제각각이었다. 홀 서빙도 마찬가지였다. 매장마다 손님들을 응대하는 사람이 누구인가에 따라 서비스의 질이 달랐던 것이다. 일단 문제점을 파악했기 때문에 해결방법을 고민했다. 세 개의 매장에 매일 돈가스 소스를 공급해야 했는데 그것만 해도 보통 일이 아니었다. 혼자 힘으로는 감당하기 어려웠다. 그렇다고 해서 가장 중요한 레시피를 공개할 수는 없었기 때문에 혼자서 돈가스 소스를 책임졌다. 나중에는 너무 힘들어서 OEM 방식으로 소스를 생산해볼 생각까지도 했지만 샘플 테스트 결과 공장에서 대량으로 끓인 소스와 매일 매일 일정량만 끓이는 소스는 맛이 전혀 달랐다. 무엇보다 소스에 감칠맛이 없었다. 몸이 힘들고 고통스러운 상황에서도 소스를 계속해서 끓여야 했다. 처음 돈가스 소스를 끓일 때와 같은 즐거운 마음은 사라지고 몸은 지쳐갔다. 언제부터인가 돈가스 소스를 끓이는 일을 비롯해서 음식을 만들고 가게를 정리하는 등의 모든 일들이 억지로 마지못해 하는 '중노동'으로 변해 있었다. 직영점 세 개는 내가 혼자서 관리할 수 있는 영역이 아니었다. 체계화된 시스템으로 무장을 해도 어려운 일을 혼자서 밀어붙이려고 했으니 당연히 문제가 생길 수밖에 없었다.

'느티나무 칼국수 & 돈까스' 2호점과 3호점의 모습

외식 창업은 그렇게 많지 않은 자본금을 가지고 누구나 쉽게 창업할 수 있다. 하지만 외식 창업을 성공적인 방향으로 이끌어가기 위해서는 창업자의 경영 능력이 필요하다. 외식업은 단순히 맛있는 음식을 만들어서 판매하는 일이 아니다. 외식업은 맛있는 음식을 만들고 판매하는 일, 그리고 매장을 운영하는 노하우와 경영능력 등이 모두 하나로 결합되어 있는 '종합예술'에 가까운 일이다.

세 개의 매장을 1년 동안 억지로 버티면서 운영해 나갔는데 스스로도 에너지를 한 곳에 집중할 수 없다는 것이 가장 심각한 문제였다. 계속 이렇게 버텨나갈 것인지 아니면 새롭게 결단해서 방향전환을 할 것인지를 놓고 고심하기 시작했다. 먼저 2호점의 1년 매출을 분석했다. 매출에 비해 임대료와 인건비가 차지하는 비중이 너무 높았다. 투자를 결정하면서 기대했던 수익률과는 너무 큰 차이가 났다. 결과적으로 나는 새로운 결단이 필요한 시점이라고 생각했고 2호점의 리뉴얼에 대해서도 생각하게 되었다.

리뉴얼을 위해 2호점의 상권입지의 특성을 다시 한번 점검해보니 칼국수와 돈가스라는 메뉴는 큰 매장이 오히려 비효율적이라는 생각이 들었다. 넓고 큰 매장은 점심시간에 테이블이 꽉 채워지지 않았고, 저녁 시간에도 손님이 아주 많지 않으면 매장 활용이 비효율적이었다. 변화가 필요했다. 먼저 상권을 살펴보았다. 모텔과 술집, 아파트와 오피스텔이 많아서 이 자리에는 24시간 영업할 수 있는 아이템이 적당할 것이라고 판단했다. 24시간 영업에 어울리는

2호점을 리뉴얼한 가게의 모습(외부)

2호점을 리뉴얼한 가게의 모습(내부)

'까페형 편의점'이라는 콘셉트에 맞는 내부모습.

아이템으로 가장 대표적인 것은 국밥집이나 편의점이다. 며칠 동안
동네의 국밥집과 편의점을 관찰했다. 매장의 위치상 편의점이 가장
적합해 보였으며 향후의 관리도 어렵지 않고 수익도 좋을 것이라고
판단했다. 일단 이 동네에는 이마트 편의점이 입점하지 않아서 이
마트 24 개발팀과 미팅을 진행한 다음에 최종 결정을 내리기로 했
다. 이마트 24의 개발팀 담당자도 상권입지를 살펴본 후에 성공할
가능성이 충분하다고 말했다. 더욱이 매장 뒤편에 공사 중인 오피
스텔이 완공되면 아주 큰 호재로 작용할 것이라는 사실도 귀뜸해

• 느티나무 돈가스 •

주었다. 예상 매출액을 토대로 임대료와 인건비를 차감한 예상 수익률을 시뮬레이션한 자료를 살펴보았더니 예상이 크게 빗나가지만 않는다면 국밥집이나 24시간 식당보다는 편의점이 나을 것 같았다.

이마트 24 개발팀장님과 계약서를 작성했다. 인테리어도 도면 설계를 바탕으로 꼼꼼하게 상의한 후에 공사를 진행했다. 개인적으로는 사실 엄청난 모험이었다. 식당을 운영한 경험은 많았지만, 편의점은 처음이라 모든 것이 생소했다. 그리고 실제 매출액이 예상과 크게 어긋나기라도 한다면 리뉴얼은 오히려 리스크만 키운 꼴이 될 수도 있었다. 편의점은 일반적으로 5년을 계약하기 때문에 혹시 적자가 생기더라도 이마트 본사에서 투자한 인테리어 비용을 배상하지 않는 이상 5년 이내에는 돌이킬 방법이 없다. 이런 저런 생각을 하면 식은땀이 났지만, 긍정적으로 생각하기로 했다. 이마트 개발팀의 상권분석과 예상 매출액 분석, 그리고 내가 나름대로 파악한 동네 편의점의 담배매출 등 믿는 구석이 전혀 없는 것은 아니었다. 편의점의 전체적인 매출은 해당 매장의 담배매출을 보면 대략적인 예상이 가능하다고 했다. 그 데이터에 대한 신뢰와 확률적으로 성공할 것이라는 시뮬레이션 결과가 나왔기 때문에 남은 것은 이제 다시 출발선에 선 기분으로 열심히 일하는 것밖에 없었다.

경산에서 벌집 삼겹살 가게를 개업하기 전에는 그 주변의 주류 판매 자료를 조사한 적이 있었다. 몇 군데의 주류 도매상을 통해서 그 동네의 전체 주류 판매량을 파악하면 그 상권의 대략적인 매출을 짐작할 수 있다. 20일 만에 모든 공사를 마쳤다. 그리고 2017년 12월, 드디어 '느티나무' 2호점이 60평 매장의 프리미엄 편의점으로 재탄생했다. 편의점으로의 리뉴얼은 결과는 성공적이었다. 실제 매출액이 이마트 개발팀의 예상 매출액과 크게 어긋나지 않았다. 이마트 개발팀에서도 성공적이라며 축하해 주었다. 편의점을 방문한 손님들도 새로 생긴 편의점의 카페 같은 인테리어를 만족스러워 했다. 넓은 공간에 편안하게 음식을 먹을 수 있는 테이블과 은은한 LED 조명까지 기존 편의점에서 진화된 형태의 프리미엄 편의점 콘셉트가 제대로 적중했던 것이다.

편의점에 관한 전반적인 관리는 아내가 맡기로 하고 점장과 직원을 모집했다. 편의점에서 최고의 직원은 손님들께 인사 잘 하고 편의점의 청소를 잘 하는 사람이다. 기본은 식당과 동일하다. 제품력과 서비스, 청결에 중점을 두고 운영하면 될 것 같았다. 60평에 달하는 프리미엄 매장에 어울리게 다양한 제품들을 진열한 다음 직원들의 서비스 교육을 강화했다. '이마트'는 누구나 알고 신뢰하는 브랜드이기 때문에 다른 매장보다 친절하고 깨끗하기만 하면 경쟁력이 있을 것이라고 생각했다. 이곳에 편의점을 열기까지 어려운 과정들이 있었고, 그래서 더욱 열심히 했다. 상품 진열에 신경을 많이 썼다. 파워 진열을 하기도 했고 제품들의 전체 진열을 바꿔보기도 했으며 행사상품은 품절되지 않도록 발주관리도 철저하게 했다. 이마트의 노브랜드 상품들은 가성비가 좋아서 만족도가 높았다. 1+1 상품도 많아서 동네 분들도 자주, 그리고 편리하게 찾는 곳이 되었기 때문인지 어린 아이들부터 어르신들까지 고객의 연령층도 다양했다. 분명히 또 하나의 성공이었다.

돌이켜보면 '느티나무' 2호점의 입지는 식당보다 편의점이 적격이었다. 어떤 입지든지 그 건물이나 주변의 조건들과 어울리는 아이템이 있게 마련이지만 그것을 찾는 것은 쉬운 일이 아니다. 건물주분도 편의점으로 재단장할 때 5년 계약서를 작성하고 싶다고 하니 흔쾌히 써주시고 잘 해보라고 응원해 주셨다.

이마트 24 편의점의 성공적인 오픈과 동시에 '느티나무' 3호점은 평소 관심을 보이던 지인에게 양도했다. '느티나무 칼국수 & 돈까스'의 분점에 대해서는 나의 욕심을 일단 내려놓기로 했다. 이로써 나는 '느티나무' 본점에만 집중할 수 있게 되었다. 아내는 편의점을 맡아서 잘 관리해 주고 있고, 2년이 지난 지금까지도 매출이 조금씩 증가하고 있다. 돌아보면 모두 감사할 일밖에 없다. 무모한 용기 하나로 겁도 없이 '느티나무' 직영점을 세 개나 운영할 수 있는 기회와 경험을 갖게 된 것도 감사했고, '느티나무' 2호점의 리뉴얼을 적극적으로 도와준 이마트 편의점의 개발팀 직원 분들도 감사했고, 편의점 관리를 맡아준 아내도 진심으로 감사했다. 가장 감사한 것은 그래도 '느티나무' 2호점과 리뉴얼한 이마트 24 편의점을 꾸준히 찾아주시는 손님들이다.

내가 알고 있는
식당 창업의 모든 것

아이템(Item),
무엇을 팔 것인가?

　나는 각기 다른 아이템으로 열 번의 창업을 경험했다. 그중 가장 성공적인 아이템은 프랜차이즈 벌집 삼겹살과 오븐에 구운 닭이었다. 나는 아이템 선정 과정에서 언제나 검증을 받은 '사실'에 집중하기 위해 노력했다. 그리고 다음으로는 수요층이 넓은 아이템을 주목해서 살폈다.

　2008년 처음으로 벌집 삼겹살 프랜차이즈를 선택할 때, 벌집 삼겹살은 일명 개그맨 '이승환 삼겹살'로 입소문이 나고 있었고 대학생들에게도 웬만큼 알려져 있는 브랜드였다. 나는 오픈해서 영업을 하고 있는 가맹점주 분들을 찾아가서 수익률도 물어보고 벌집 삼겹살 브랜드의 장단점에 대해서도 이런저런 이야기를 들었는데 전체적인 평가가 나쁘지 않았다. 이미 서울, 경기지역에서 검증을 받은 후에 대구에 진입한 브랜드였기 때문에 이변이 없는 한 적어도 망하지는 않을 것이라고 판단했다.

무엇보다 삼겹살은 우리나라 사람들이 좋아하는 스테디셀러 아이템이다. 다만 벌집 삼겹살은 고기에 벌집 모양의 칼집을 넣어서 부드러운 식감을 강조하는 방식으로 삼겹살을 재해석했다는 것이 기존 삼겹살과의 차이점이라고 할 수 있었다. 이 작은 차이 하나가 전국에 260개의 가맹점을 확보하는 성과로 나타난 것이다.

두 번째로 프랜차이즈인 오븐에 구운 닭도 마찬가지이다. 전 국민이 좋아하는 치킨을 오븐에 굽는 것으로 치킨을 재해석했다. "기름에 튀기지 않아 건강하다."는 슬로건을 내걸었으며, 배달을 하는 것이 아니라 매장에서 즐기는 '치맥 문화'를 내세웠던 것이다.

벌집 삼겹살과 오븐에 구운 닭은 두 가지 모두 프랜차이즈 음식이었음에도 불구하고 지속성 측면에서도 양호한 편이었다. 우리나라에서 프랜차이즈 식당의 가장 큰 문제는 지속성이 짧고 마진율이 낮다는 것인데 벌집 삼겹살과 오븐에 구운 닭이라는 아이템은 독립창업에 비해서도 지속성과 마진율이 떨어지지 않았던 것 같다. 오븐에 구운 닭의 경우 독립창업한 치킨 가게보다 마진율이 적은 것은 분명했지만, 브랜드 인지도와 매장 판매하는 주류를 통해 부족한 마진율을 확보할 수 있었기 때문에 크게 문제가 되지 않았다.

투자금액과 비교해 가장 성과를 내지 못했던 아이템은 포 포차였다. '포차'라는 아이템은 삼겹살이나 치킨보다 수요층이 두텁지 않았고 브랜드 인지도도 약했다. 포 포차의 경우에는 내가 검증된 사실조차 제대로 파악하지 못했고 자만심으로 인해 수익률 분석도 제대로 하지 않았던 것이 가장 큰 실수였다. 돌이켜보면 포 포차의 경우 오히려 성과를 냈다면 그것이 이상할 정도라는 생각이 든다.

"아이템의 선택의 폭은 자신이 소유하고 있는 자본금 액수와 비례한다."

내가 처음으로 서울야식이나 이조식당을 시작했을 때는 나는 아이템을 선택할 수 없었다. 자본금이 부족했기 때문이다. 아이템의 선택의 폭은 자신이 소유하고 있는 자본금 액수와 비례한다고 할 수 있다. 처음에 10년 동안 내가 할 수 있는 것이라고는 어머니 가게에다 '서울야식'이라는 간판 하나를 걸고 어머니께서 식당을 닫은 시간에 문을 열어서 야식을 배달하는 것이 전부였다. 다섯 평 남짓한 가게를 얻어서 아내와 함께 이조식당을 했을 때도 마찬가지였다. 10년의 세월을 사람들이 집에서 흔히 먹는 찌개와 반찬을 만들어서 팔았다. 지금에 와서 생각해 보면 그렇게 고생했던 시절은 내가 하고 싶은 아이템을 선택할 수 있도록 준비를 하는 기간이었다. 그 시절의 내 목표는 오직 하나밖에 없었다. 하루빨리 배달을 하지 않아도 되는 고깃집을 하고 싶었다. 하지만 내가 하고 싶은 아이템과 상권의 선택, 즉 대학가에서 고깃집을 하기 위해서는 상당한 정도의 자본금이 필요했다. 현장에서는 내

가 하고 싶은 것과 할 수 있는 것이 자본금에 따라 철저하게 나뉘어진다. 자본금이 많으면 아이템의 선택과 상권을 선택할 수 있는 범위가 그만큼 넓어지지만, 반대로 자본금이 적으면 선택의 폭이 좁아질 수밖에 없다. 야식배달은 내가 원해서 선택했던 아이템이라기보다는 다섯 평 가게와 오토바이 한 대를 구입할 수 있을 정도의 자본금밖에 없었던 내가 선택할 수 있는 유일한 아이템이어서 시작했던 일이라고 할 수 있을 것이다.

하지만 돌이켜보면 나쁘기만 한 것은 아니었다. 서울야식과 이조식당의 창업 방식은 일반적으로 식당 창업과정에서 리스크를 최소화한 창업이었다. 투자한 금액이 거의 없었기 때문에 크게 손해를 볼 일도, 리스크를 안을 일도 없었다. 당시에는 아내와 내가 일을 해서 인건비를 절약했기 때문에 수익도 괜찮았다. 내가 처한 그 어려운 상황 속에서 다행스러운 한 가지 일은 아내가 어머니의 손맛을 이어받아 맛있는 찌개와 반찬을 만들 수 있었다는 것이다. 나의 젊고 튼튼한 몸, 아내의 손맛, 그리고 우리 부부의 성실함으로 우리는 그렇게 10년 세월을 버틸 수 있었다.

"장사가 잘 되는 집은 예외 없이 모두 '기본'을 지키고 있었다."

아내는 나의 가장 친한 친구이자 비즈니스 파트너다. 내가 어떤 아이템의 선택 여부를 고민하고 있으면, 아내는 그 아이템의 맛집을 찾아서는 가서 먹어보자고 한다. 그동안 아내와 나는 많은 음식

• 느티나무 돈가스 •

점을 찾아다녔다. 그리고 필요한 것은 벤치마킹했다. '집밥' 콘셉트의 식당을 했기 때문에 주로 한식집을 다녔는데 한우 국밥을 비롯해서 국수, 한정식 등 여러 음식점을 둘러본 다음에 한 가지 깨달은 것이 있다. 장사가 잘 되는 집은 그 집만의 분위기와 기술력이 있었다. 한마디로 장사가 잘 되는 집은 예외 없이 모두 '기본'을 지키고 있었다는 것이다.

내가 지금 팔고 있는 아이템은 칼국수와 돈가스이다. 남녀노소 누구나 좋아하고 수요층이 넓은 아이템이다. 내가 이 메뉴를 선택한 이유는 간단하다. 프랜차이즈 창업이 아니기 때문에 엄청난 액수의 자본금을 필요로 하지 않았고 누구나 좋아하는 메뉴이기 때문에 지속성도 길다고 생각했다. 하지만 무엇보다 나는 오래가는 식당을 만들고 싶었다. 프랜차이즈나 개인 식당이나 이익을 추구하는 목표는 같지만, 세월을 견디며 오래 지속하기에는 기술력을 바탕으로 하는 독립창업이 훨씬 유리하다는 판단이 결정적이었다.

"아이템에는 조리의 프로세스, 상권, 가격, 분위기, 경영방식 등 식당의 모든 것이 포함되어 있다."

창업 아이템을 찾기 위해 요리학원에 다닌 적이 있다. 학원에서 배우는 요리는 하나 같이 손이 많이 가는 음식이었고, 계량도 가정식에 최적화되어 있기 때문에 현장에서는 적용하기가 어려웠다. 현장에서는 음식을 빨리해야 회전율을 높일 수 있고 프로세스가 간단해야 인건비를 줄일 수 있다. 물론 요리학원에서도 창업요리반이 있다. 하지만 그렇게 배운 요리는 검증할 수 있는 데이터가 없기 때문에 이를 현장에 적용했을 때, 리스크가 너무 크다. 자신에게 맞는 아이템을 정하는 것은 시간이 필요한 일이다. 아이템만 생각하는 것이 아니라 거기에는 조리시간과 프로세스, 사람, 상권, 가격, 분위기, 경영방식 등 식당의 모든 것이 포함되어야 하기 때문이다. 게다가 그 모든 요소들이 서로 잘 어울어져야 한다. 그래서 아이템을 정하는 일은 하나의 오케스트라를 구성하는 작업이라 해도 과언이 아니다.

1년 동안 창업 아이템만 찾던 친구 한 명이 나를 찾아 왔다, 자본금이 3,000만 원밖에 없는데 거기에 맞는 아이템을 찾기가 어렵다

고 했다. 게다가 친구는 음식에 대한 '기술'이 없었다. 그날부터 나는 친구와 함께 음식에 대한 특별한 기술력이 없는 사람이 자본금이 3,000만원으로 할 수 있는 아이템을 찾아 나섰다.

그리고 결국 찾아냈다. 나는 친구에게 갈비탕 프랜차이즈를 해보라고 제안했다. 대구에 이미 다섯 개의 가맹점이 있었는데 일단 모두 찾아가서 갈비탕을 먹어보고, 가맹점주 분들의 애로사항을 들어보았다. 당일에 판매할 고기를 손질하고 탕을 끓이는 작업을 하기 위해서는 새벽에 일어나야 하는데 가맹주 분들은 한결같이 매일 새벽에 일어나는 것이 가장 힘든 일이라고 했다. 하루 이틀만 하면 되는 일이 아니기 때문에 사실 엄청나게 고된 노동이지만, 그에 대한 대가는 나쁘지 않다고 했다. 고민 끝에 친구와 같이 본점을 찾아가 갈비탕 프랜차이즈의 대표님을 만났다. 울산 본점에 도착한 시간이 오후 4시쯤이었는데 가게의 문을 닫고 있었다. 그날 판매할 분량의 갈비탕이 소진되면 영업을 종료하기 때문이라고 했다. 대표님은 자신이 만든 갈비탕에 대해 자부심이 있었다. 친구가 해보고 싶은데 자본금이 부족하다고 말하자 대표님이 그러면 가맹비만 내고 인테리어 공사는 본인이 진행하는 것으로 하자고 제안했다. 인테리어는 갈비탕에 어울리기만 하면 상관없다고 했다. 갈비탕의 주요 고객은 중년 세대들과 60세 이상의 어르신들이기 때문에 시장 근처에 있는 점포를 알아보는 것이 좋을 것이라는 조언도 해 주었다. 일단 가맹계약을 알아본 후에 친구는 끈기 있게 점포를 구하러 다녔다. 거의 두 달 동안 100여 개의 점포를 살펴본 다음 그 중에서 가장 가성비가 좋은 점포를 선택했다. 방 두 칸이 있는 60평의 넓은 매장이었는데 꼬막 한정식을 하던 자리였기 때문에 인테리어 공사를 할 필요도 없었고 매장과 주방의 집기도 거의 갖추어져 있었다. 장사가 안 돼서 내놓는 가게라 설치된 시설과 집기들을 저렴하게 인수했기 때문에 필요한 집기 몇 가지를 따로 구입하는 것 외에 손볼 곳은 없어 보였다. 본사에서는 가게 주변의 유동인구와 유동인구의 연령층을 조사했다. 다행히 중장년층의 유동인구가 많은 편이었다. 친구는 본사와 곧바로 계약을 체결하고 직원들을 모집했다. 한때 보험회사 소장이었던 친구는 과거의 기억을 모두 지워버리고 새롭게 출발하겠다고 다짐했다. 현재의 상황을 헤쳐 나가야겠다는 간절한 마음을 읽을 수 있었다. 새벽에 일어나서 준비를 하고 그날 판매할 갈비탕을 끓여야 했기 때문에 출퇴근 시간을 줄이기 위해서 가게에 있는 방에서 잠을 잔다는 소식을 들었을 때는 마음이 좋지 않았다. 하지만 그렇게 절실한 마음으로 시작했기 때문인지 오픈하는 날부터 많은 손님들이 찾아오셨고 지금은 대박 가게로 알려져 있다.

"좋은 아이템은 따로 있는 것이 아니다.
오랜 시간 변함없이 손님들의 사랑을 받으면 그것이 가장 좋은 아이템이다."

오랜 시간 동안 변함없이 손님들의 사랑을 받으면 그것이 좋은 아이템이지 좋은 아이템이 따로 있는 것이 아니다. 마찬가지로 적은 자본을 투자해서 매출을 극대화시키는 방법을 찾는 것이 장사의 기본이다. 나는 오늘도 칼국수와 돈가스를 만들고 있다. 손님들에게

손님들로부터 변함없이 사랑받는 메뉴가 좋은 아이템이라고 생각한다.

가장 진정성 있는 음식을 대접하는 것이 내가 할 수 있는 일이고, 또 그것만이 '느티나무' 식당을 오랫동안 유지할 수 있는 방법이라고 생각한다. 나는 아이템을 결정할 때 내가 정한 아이템에 나의 열정을 얼마나 집어넣을 수 있을지를 먼저 생각한다. 장사는 인내와 끈기다. 인내심을 요구하고 내가 정한 아이템에 열정이 없으면 결코 오래갈 수도 없고 살아남을 수도 없다.

상권과 입지,
좋은 목은 어디인가?

20년이 넘게 장사를 하면서 제일 중요하게 생각한 부분 가운데 하나가 입지다. "장사는 목이 좋아야 한다."는 이야기를 누구라도 한 번쯤은 들어보았을 것이다. 하지만 소위 말하는 좋은 상권은 나에게는 동경의 대상일 뿐이었다. A급 상권의 권리금과 보증금은 내가 가진 자본금으로는 턱없이 부족해서 엄두가 나지 않았다. 내가 선택한 방법은 자본금의 한도 내에서 가장 좋은 가성비의 매장을 찾기 위해 발품을 파는 것이었다.

"장사에서 '목'이 좋다는 것은

자신이 가진 자본금과 아이템에 어울리는 점포를 의미한다."

벌집 삼겹살 매장을 구하기 위해서 나는 경산에 있는 영남대학교 주변의 부동산을 거의 한 달 동안 매일같이 쫓아다녔다. 일반적으로 프랜차이즈 본부에서는 대구에 대략 40곳 정도의 상권입지를

• 느티나무 돈가스 •

미리 정해 놓고 가맹점을 모집한다. 본사에서 요구하는 매장 평수와 입지를 충족시키는 곳에는 모두 상당한 금액의 권리금이 붙어 있었다. 자본금이 충분치 않았던 나는 결국 대구에서 가게를 시작할 수 없었고 경산을 선택해야 했다. 경산이라고 해도 영남대학교의 중심 상권에 자리 잡은 가게들 역시 내가 감당할 수 있는 수준의 권리금은 아니었다. 그래서 중심 상권에서 조금 벗어난 곳들을 위주로 다녔는데 어느 날 중심 상권에서 100m 정도 떨어진 곳에 지어진 신축 건물의 1층 단독상가가 눈에 들어왔다. 점포 전면이 무려 23m나 되고 실내도 넓어서 마음에 들었다. 신축 건물이어서 권리금도 없었고 보증금 2,000만 원에 월세 120만 원으로 평수대비 임대료도 저렴했다.

나는 지금도 상가를 구할 때 주차장의 넓이를 반드시 확인한다. 주차장은 상가 선택의 중요한 요소라고 생각하기 때문이다. 일반적

으로 대구에서 대학교 근처의 중심 상권에 위치한 매장들은 권리금만 1억 5,000만 원 이상을 호가한다. 유동인구는 아주 많지만 가게 앞에 주차할 장소는 거의 없는 것이 현실이다. 내가 가진 자본금으로 중심 상권 매장을 구할 수 없다면 차라리 중심 상권에서 벗어나 있더라도 가게 전면이 넓어서 주차가 가능한 자리가 더 좋다고 생각했다. 더욱이 내가 가진 자본금으로도 충분히 가게를 얻을 수 있었기 때문에 마음에 들었다. 본사에 연락했더니 본부장님은 중심 상권도 아닌데다 가게 앞의 도로가 비포장이라 내키지 않는다는 의견을 전해 주셨다. 나는 시청에서 도시정비계획을 통해 알아본 사실, 즉 한 달 후면 매장 앞의 도로를 포장할 것이고 가로등도 설치될 것이라는 사실을 본부장님께 알려드렸다. 그리고 자본금이 부족한 현재의 상황에서는 이 가게가 최선이라고 말하면서 겨우 본부장님을 설득했다. 인테리어가 끝날 때쯤 매장 앞에 질퍽거리던 비포장도로는 아스팔트 도로로 정비가 끝나면서 중심 상권으로 연결되는 새 길이 되었고 밤이면 어두웠던 매장 앞에는 가로등이 세워졌다. 환하게 매장을 비추는 가로등이 마치 개업을 축하해 주는 듯했다. 학생들이 중심 상권에서 조금 떨어진 이곳까지 와서 줄을 서는 것을 보고 동네 사람들도 놀라워했다. 인테리어 공사를 할 때는 걱정이 돼서 말을 못했는데, 이렇게 번듯하게 공사를 마치고 장사까지 잘 돼서 다행이라고 축하를 해주셨다. 나는 입지의 약점을 극복하기 위해 홍보에 더욱 정성을 들였고, 그 덕분인지 학생들은 중심 상권에서 100m나 떨어져 있는 매장을 방문해 주었다.

　내 인생에서 두 번째 터닝 포인트이자 가장 효자 노릇을 했던 매장이었다. 지금 생각해보면 자본금이 부족해서 중심 상권에 들어가지 못했던 것이 결과적으로는 잘된 일이라는 생각도 든다. 오히려 지금은 '중심 상권에 들어갔다면 엄청난 권리금을 회수하기 위해 얼마나 오랫동안 고생을 해야 했을까?' 라는 생각이 먼저 든다.

　그 동안 장사를 하면서 부동산 사무실을 얼마나 많이 쫓아다녔는지 모른다. 대구 지역은 동네마다 권리금의 액수를 대략적으로 파악할 정도가 되었다. 그렇게 많은 가게를 보러 다녀보니 문득 '비싸다고 해서 모두 좋은 자리일까?' 라는 생각이 들었다. 권리금이나 가겟세가 비싸면 투자금이 많이 필요할 것이고, 그러면 투자금의 회수 기간도 당연히 길어질 수밖에 없다. 상권입지와 관련해서 장사의 '목'이란 자신의 자금과 자신의 아이템에 어울리는, 가격 대비 경쟁력 있는 점포를 구하고 거기에 정성을 더하는 작업이 진행되었을 때 완성되는 것이라는 간단하고 상식적인 결론이 내가 고민 끝에 도달한 지점이다.

"상권보다는 입지가 중요하다.
상권이 낚시터라면 입지는 포인트라고 할 수 있기 때문이다."

　개인적으로는 상권보다 입지가 더 중요하다고 생각한다. 상권을 '낚시터'라고 표현한다면, 입지는 '포인트'라고 할 수 있다. 같은 상

상권이 낚시터라면 입지는 포인트이다.

권이라고 해서 무조건 장사가 잘 되는 것이 아니다. 같은 상권 내에서도 장사가 잘 되는 집은 따로 있다. 이유는 입지와 아이템이 절묘하게 맞아 떨어지는 집이기 때문이다. 다르게 표현하면, 그 건물과 위치에 꼭 맞는 옷이 입혀졌다고 말할 수 있을 것이다. 나는 차를 타고 거리를 지나가면서 '저 자리는 카페보다는 식당이 어울리겠다. 저 자리는 옷가게보다는 술집이 더 잘 어울리겠다.'라는 생각을 하곤 한다. 술이냐 밥이냐 프랜차이즈냐 독립창업이냐의 결정, 즉 어떤 아이템을 가지고 있느냐에 따라 상권과 입지는 달라진다. 부동산을 찾아가면 예산을 얼마 정도 생각하느냐가 부동산 사장님의 첫 질문이다. 부동산에서는 자금 규모에 맞춰 상가를 소개하기

• 느티나무 돈가스 •

때문이다. 나는 발품을 팔아서 많은 매장들을 돌아봐야 한다는 의견에 전적으로 찬성한다. 일단 매장을 웬만큼은 돌아봐야 가격경쟁력을 알 수 있다. 똑같은 예산을 가지고 15평 크기의 매장을 구할 수도 있고 30평 크기의 매장을 구할 수도 있다. 부동산에서 소개한 점포 한두 곳을 둘러보고 좋은 점포를 구한다는 것은 거의 불가능한 일이다.

그리고 같은 가격이라면 자신이 결정해둔 아이템과 비슷한 인테리어의 매장을 구하는 것이 좋다. 그래야 나중에 인테리어 비용을 줄일 수 있다. 물론 프랜차이즈 가맹점의 경우에는 기존의 시설을 모두 철거한 후에 인테리어를 새롭게 하는 것이 일반적이다. 하지만 독립창업일 경우에는 기존 점포의 시설을 최대한 남겨둔 후에 내가 결정해둔 아이템과 어울릴 수 있도록 부분적인 인테리어 공사를 하면 투자금액을 최소화할 수 있다.

점포를 구할 때 나에게는 한 가지 분명한 척도, 또는 원칙이라고 할 수 있는 것이 있다. 여러 점포를 둘러본 후에 한 군데를 정했을 때 가장 먼저 '과연 저 자리에서 18개월 안에 시설 투자금액을 회수할 수 있을까?'를 질문해 보는 것이다. 나는 스스로에게 던지는 이 질문을 통해 내가 선택한 장소가 내가 생각하고 있는 아이템을 구현하기에 적합한 곳인지를 확인한다. 일반적으로 임대료는 매출의 10% 정도가 적당하다고 하는데 나 역시 여기에 대해서는 이견이 없다. 이를 테면, '중심 상권에서 하루에 50만 원의 예상 매출액으로 월 150만 원의 임대료를 지급할 수 있을까?'를 생각해보는 식이다. 최근에 한 후배가 대구의 핫 플레이스인 수성 못에서 삼겹살집을 하고 싶다면서 '월 임대료가 900만 원인데 계약해도 될까요?'라고 나에게 물어왔다. 나는 질문을 듣고는 바로 "하루에 300만 원이상의 매출을 올릴 수 있는 자신이 있으면 계약해."라고 말해 주었다. 그게 무슨 뜻인지를 묻는 후배에게 '임대료는 매출의 10% 정도가 적당하다.'는 이야기를 했더니 알겠다고 하면서 돌아갔다.

"욕심은 금물!! 식당에서 가장 중요한 것은 조화였다."

내가 아주 어렸을 때부터 어머니는 항상 장사하셨다. 만화방, 슈퍼, 식당, 도시락 등 항상 '1인 창업'을 하셨던 것 같다. 그런 어머니가 입버릇처럼 "밑천 많이 들어가는 장사는 하지 말고, 또 장사는 언제나 뚜껑을 열어봐야 안다."라고 말씀하셨다. 장사를 20년 정도 하고보니 이제는 어머니의 말씀에 공감할 수 있다. 일단 외형이 크면 투자금이 많이 들고 당연히 리스크도 커질 뿐만 아니라, 장사는 정확한 예측이 어려운 일이기 때문이다.

작은 식당이지만 손님들께 '아낌없이 주는 나무가 되겠다.'는 마음으로 '느티나무 칼국수 & 돈까스'라는 상호를 등록했다. 이 브랜드를 백 년을 가는 '느티나무'로 키우고 싶었는데 욕심을 부렸고 결과적으로 나는 '느티나무 칼국수 & 돈까스' 2, 3호점의 실패를 경험했다. 1호점의 매출이 좋았기 때문에 매장이 늘어나면 브랜드 파워도 올라갈 것이라고 확신했다. 하지만 그것은 나만의 착각이었다. 본점을 오픈한 지 6개월이 지날 무렵에 2호점과 3호점을 오픈하면 더 많은 손님들이 '느티나무 칼국수&돈까스'를 인지하고 기억해줄 것이라고 생각했다. 2호점과 3호점을 상권이 좋은 위치에 오픈하면 크게 성공할 수 있을 것이라고 예상했지만, 결과는 예상 밖이었다. 2호점의 경우 투자의 규모와 수고에 비해 수익률이 기대치에 미치지 못했다. 3호점 역시 2,000세대 대단지 아파트 앞이라 본점보다 잘 될 것이라고 예상했지만 결과는 그렇지 못했다. 2호점과 똑같은 방식으로 1년 동안 운영했지만, 매출보다 지출이 많았다. 한 마디로 손해보는 장사였던 셈이다. 내가 전적으로 주방을 책임질 수도 없

음식은 정성과 마음가짐. 그리고 조화가 무엇보다 중요하다.

었고 직원들도 오전과 오후로 나눠서 고용할 수밖에 없었기 때문에 인건비 지출이 상승했고 그 결과 수익률이 나빠지는 것은 당연한 일이었다. 2호점과 3호점은 본점보다 매장도 크고 상권도 좋았음에도 불구하고 매출과 수익은 본점에 미치지 못했다.

이유는 간단했다. 음식을 만드는데 있어서 가장 중요한 것

은 정성이었고 상권입지보다 중요한 것은 마음가짐이었다. 동일한 레시피로 만든 음식이라도 만드는 사람이 누군인가에 따라서 맛이 조금씩 달라진다는 사실을 잊고 있었던 것이다. 그리고 역시 장사가 언제나 내가 생각하고 계획했던 것처럼 되는 것이 아니라는 사실을 다시 한번 절감했다. 무엇보다 아이템뿐만 아니라 상권, 그리고 사람까지 모든 것의 조화가 다른 어떤 조건보다 중요하다는 사실을 새삼 느꼈다. 지금은 '느티나무' 본점의 주방 일에만 집중하고 있으니 마음이 훨씬 편안하고 안정된 기분이다. 역시 장사에서 욕심은 금물이다.

• 느티나무 돈가스 •

인테리어,
최고의 인테리어는 식당 밖에 길게
줄을 서 있는 손님들이다

아이템과 상권 다음으로 중요한 것이 인테리어다. 인테리어는 '물리적 증거Physical Evidence'라고 할 수 있는데, 간단하게 말하자면 매출에 관련된 모든 유형적인 요소들이 인테리어인 것이다. 가게 내부부터 메뉴판, 복장, 간판, 옥외광고물, 그릇 등이 물리적 증거에 속하는데, 이런 유형적인 것들을 이용해서 매장 분위기를 연출하는 것이다. 이를 통해 음식을 더 맛있게 느껴지도록 표현할 수도 있고, 손님들이 편하게 머무르고 싶어 하는 마음이 생기는 공간을 연출하기도 한다. 처음 방문한 손님들이 인테리어로 인해 좋은 기억을 갖고 돌아가면 재방문으로 이어지게 되고 결과적으로는 매출에도 직접적인 영향을 미치게 된다.

자본금의 규모에 따라 아이템과 상권 선택의 폭이 달라지듯 인테리어 역시 자본금에 영향을 받는다. 나는 프랜차이즈 창업과 독립창업의 인테리어를 모두 경험해 보았다. 프랜차이즈 창업의 경우에는 통상적으로 인테리어와 집기 등의 비용이 모두 포함된 평당 금액을 본사에서 제시한다. 물론 그 비용이 불합리하다는 생각이 들 때도 있지만 프랜차이즈 매장을 운영하기 위해서는 정해진 금액에 동의할 수밖에 없다.

"소소한 재미와 약간의 특이함을 만들고 싶었다."

내가 인테리어에 가장 많은 비용을 지출했던 경우는 오븐에 구운 닭 프랜차이즈를 시작하면서였다. 치킨을 오븐에 구웠기 때문에 오븐 2대의 가격만 해도 상당했고 닭을 보관하기 위해서 사람이 걸어 들어갈 수 있을 정도의 대형 냉장고가 필요했기 때문이다. 이런 집기와 간판이나 테이블 등이 모두 포함된 인테리어 비용은 40평 기준으로 평당 500만 원이었다. 이 비용에는 권리금과 보증금, 그리고 전기 승압설비와 기존의 시설 철거비용이 일절 포함되지 않은 순수 인테리어 비용이었다. 프랜차이즈 창업의 경우에는 인테리어 비용이 굉장히 많이 들지만 대신 점주 개인이 따로 신경을 써서 준비해야 하는 사항은 거의 없다. 프랜차이즈 본사의 인테리어 팀에서 공사를 책임질 뿐만 아니라, 메뉴판과 전단도 제작만 하면 되는 수준이다. 반면 독립창업의 경우에는 점주가 견적에서부터 디자인에 이르기는 모든 일을 책임지고 진행해야 하지만 상당한 정도의 비용을 절약할 수 있다. 인테리어 시공업체를 정해서 작업 전체를 맡길 수도 있지만, 항목별로 나누어서 견적을 받은 다음에 공사를 진행하면 비용 절감에는 도움이 된다. 지금은 설비, 목공, 타일, 전기, 칠, 간판, 집기 등을 세부적으로 직접 진행한다. 처음에는 이 과정이 어렵고 힘들었지만, 지금은 그동안 거래해온 사람들이 있어 진행 또한 일사천리다.

'느티나무 칼국수 & 돈까스' 본점 인테리어는 비용을 최소화한 사례이다. 전에 있던 가게의 사장님께서 간판과 주방의 닥트 시설을 그대로 놔두고 이사했기 때문이다. 먼저 목수 팀을 불러서 붙박이 의자와 벽면에 미송합판, 그리고 화장실 입구의 칸막이 공사를 했다. 20평의 넓지 않은 매장이기 때문에 긴 붙박이 의자를 설치해서 공간의 효율성을 높였고 벽면은 미송합판을 붙여서 칼국수와 돈가스라는 음식의 이미지에 어울리는 따뜻함을 연출했다. 바닥은 고풍스러운 타일로 너무 촌스러운 분위기가 나지 않도록 했다. 전기는 이미 9kW로 증설되어 있었기 때문에 천장 조명을 몇 개 추가했다. 그리고 마지막으로 천장은 흰색 페인트로, 그리고 바닥은 에폭시로 마감했다. 이 과정에 들어간 비용이 총 500만 원이다. 주방집기와 탁자는 칠성시장에서 구입했다. 식기세척기와 주방 냉장고는 'A급 중고', 즉 새것 같은 중고를 구입했는데 고장이 나면 판매처에서 AS를 받기로 했다. 홀에 배치할 테이블과 의자는 식당보다는 카페에서 많이 사용하는 탁자와 의자로 구매했다. 손님들이 사용하는 물건의 경우에는 손님의 관점에서 최대한 예쁘고 편리한 것을 선호한

나는 가게를 가득 채운 손님, 가게 앞에 길게 줄 서있는 손님보다 좋은 인테리어는 없다고 생각한다.

다. 돈가스 그릇과 칼국수 그릇은 서문시장에 있는 그릇 집에서 구매했는데 평소에 거래가 있는 가게였다. 그릇도 테이블이나 의자와 마찬가지로 손님의 입장에서 봤을 때 예쁘고 좋은 것이어야 한다. 그래서 그릇은 도자기 종류로 꽤 무게가 나가는 비싼 그릇들을 골랐다. 누구나 좋은 그릇과 예쁜 접시에 담겨 있는 음식을 대접받고 싶어 하기 때문이다. 돈가스를 담는 그릇은 검은 색으로 칠해진 팬 모양의 도자기다. 특이하고 예쁜 접시이기 때문에 손님들도 마음에 들어 할 것이라 생각했다. 나머지 스마일 유리컵, 수저와 젓가락 세트를 구입했다. 물 컵과 음료수 컵에 스마일이 인쇄된 유리컵을 손님들은 좋아하겠지만, 서빙을 할 때는 주의를 기울여야 한다.

간판과 메뉴판의 디자인은 좋은 업체를 선정하기 위해 인터넷 검색을 많이 했다. 미송합판으로 마무리한 벽면에 걸어야 하는 메뉴

• 느티나무 돈가스 •

판과 음식을 소개하는 액자의 디자인은 사소해 보이지만 굉장히 중요한 부분이다. 메뉴판과 액자에 들어갈 사진과 글자를 디자인할 때에는 비용을 지출하더라도 실력이 있는 검증된 업체를 선택하는 것이 좋다. 자칫하면 메뉴판과 음식을 소개하는 액자로 인해 매장의 전체적인 콘셉트와 이미지가 달라질 수도 있기 때문이다. 간판은 기존에 있던 것에 앞면만 교체해서 사용하기로 했다. 매장 출입구에는 화분을 배치해서 생기 있는 분위기를 연출했다.

나는 아주 고급스러운 인테리어는 아니더라도 매장이 깨끗하고 정갈하다는 이미지로 기억되기를 원했다. 매장 전체의 메인 색상은 떡볶이나 피자 같은 아이템에 쓰는 빨간색이나 원색이 필요치 않아 벽면의 우드와 어울리는 따뜻하고 부드러운 색감을 택했다. 메뉴판은 한지 느낌이 나는 종이로 제작했고 테이블은 원목으로 제작된 것을 선택했다. 소형 화분과 부엉이 인형 등 소품들을 가게 곳곳에 배치했고 조명은 은은한 전구로 조도를 맞추었다. 바닥은 시멘트 위에 에폭시를 칠해 카페 같은 느낌을 주었다. 바닥에서 70센티미터 정도의 높이에 비둘기색 타일을 붙여서 모던함을 드러내 보였다.

가벼운 웃음은 공간을 친숙하게 만들어준다.

실내에는 작은 소품들과 함께 'UN이 선정한 올해의 낮술 업소, 낮술 환영'이나 '파리, 모기 접근금지'와 같은 코믹한 짧은 글귀들을 붙여 두었다. 이런 것들이 만들어내는 가벼운 웃음이 손님들에게는 이 공간과 친숙해질 수 있는 기회를 제공할 것이라고 생각했기 때문이다. 물론 순수한 내 아이디어는 아니고 다른 가게에서 벤치마킹한 것이다. 이를 통해 소소한 재미와 약간의 특이함을 만들고 싶다는 나의 바람도 들어 있었다.(나는 나의 바람이 정말 마음에 든다.) 그래서 그 바람이 매장에도, 그리고 매장에서 진행되는 모든 일의 구석구석까지 스며들었으면 좋겠다. 직원들이 모여서 하는 회의나 화기애애한 생일파티와 회식, 그리고 조금은 엉뚱해 보이는 매장의 캘리그라피와 인테리어 소품에 이르기까지 곳곳에 녹아 있는 나의 바람이 누구에게나 전달되는 그날을 기대하고 있다.

"최고의 인테리어는 식당을 가득 채운 손님들이고,

최고의 식당홍보는 식당 밖에 길게 늘어선 대기줄이다."

공사 기간은 2주 보다는 길어질 것으로 생각했는데 매장이 크지 않았기 때문에 작업 일정만 잘 조정하면 2주만으로도 충분히 가능한 수준이었다. 프랜차이즈 매장의 인테리어에 비해 훨씬 일이 많았지만 '시간이 돈'이기 때문에 2주 만에 공사를 끝냈다. 나머지는 점주인 내가 소품이나 액자 등을 적절하게 배치해야 했다. 프랜차이즈 매장이든 개인 매장이든 인테리어 공사에서 가장 세심하게 확

• 느티나무 돈가스 •

인해야 하는 부분은 환기와 배수다. 벌집 삼겹살 가게의 경우에는 테이블마다 닥트 시설을 했음에도 불구하고 손님들이 몰리는 시간에는 고기 굽는 냄새와 연기로 가게 안이 가득 차서 애를 먹었다. 오븐에 구운 닭을 할 때에도 오븐에서 나오는 연기가 주방을 가득 채워서 주방 직원들이 힘들어했다.

'느티나무 칼국수 & 돈까스' 역시 주방에서 돈가스를 튀기는 냄새가 홀 방향으로 흘러나가지 않도록 닥트와 환기구 설치에 신경을 썼다. 배수구 또한 설비를 하면서 배수관을 넓게 만들었다. 겨울에는 기름 찌꺼기가 배수구를 막아 물이 내려가지 않을 수도 있기 때문이다. 주방의 동선은 주방 직원이 몇 명이냐에 따라 달라진다. 보통 조리 파트와 설거지 파트로 나뉘는데 서로 부딪치지 않도록 가스레인지의 위치와 식기세척기의 위치를 고려해야 한다.

인테리어를 고급스럽고 거창하게 할 수도 있다. 하지만 지금까지도 인테리어와 관련해서 나를 감동시킨 한마디는 "사람이 가장 좋은 인테리어다."라는 말이었다. 칼국수와 돈가스라는 아이템에는 굳이 고급스러운 인테리어가 필요치 않다. 횟집이나 고급 한정식 집처럼 손님들의 '고관여 제품'이 아니기 때문에 굳이 많은 돈을 투자하지 않아도 된다. 국밥이나 분식 같은 저관여 제품은 손님들이 매장에 들어섰을 때, 일단 편하고 깨끗한 이미지를 가질 수 있도록 연출하면 된다. 나머지는 그 매장에 맞는 적절한 스토리와 매장을 운영하는 사람들의 활기찬 분위기가 중요하다.

콘셉트(Concept),
어떻게 차별화된 콘셉트를 만들 것인가?

식당의 콘셉트는 '음식을 어떻게 팔 것인가?'를 결정하는 아주 중요한 문제다. 식당의 상권도 중요하지만 나는 콘셉트 만드는 작업이 훨씬 더 중요하다고 생각한다. 아무리 맛있는 음식이 있다고 하더라도 제대로 팔지 못하면 무용지물이기 때문이다.

콘셉트를 구축하는 작업은 독립창업을 하는 데 있어서 가장 어려운 문제일 것이다. 많은 사람들이 프랜차이즈 창업을 선택하는 중요한 이유가 바로 식당의 콘셉트를 만드는 작업이 막막하기 때문이다. 그런데 문제는 프랜차이즈 역시 콘셉트가 명확하지 않으면 성공할 가능성이 희박하다는 것이다. 오븐에 구운 닭은 '기름에 튀기지 않고 오븐에 구워낸 웰빙 치킨'이라는 콘셉트가, 벌집 삼겹살은 '벌집 모양의 칼집을 넣어 아주 부드러운 삼겹살'이라는 분명한 콘셉트가 있었기 때문에 성공할 수 있었다고 생각한다.

우리 가게의 콘셉트는 '셀프 비빔밥'과 함께 먹는 칼국수와 돈가스다

"콘셉트는 내가 만든 이미지를 고객에게 전달하는 작업이다."

식당의 콘셉트는 차별화 전략이다. '느티나무 칼국수 & 돈까스'를 기획할 때 SWOT 분석을 했다. 나의 가장 큰 강점을 콘셉트에서 찾아야겠다는 생각으로 SWOT 분석을 시작했다. 돈가스의 경우 차별화하는 것이 굉장히 어려운 음식이기 때문에 함께 제공되는 밥을 새로운 형태로 만들어보고 싶었다. 기본을 충실하게 지켜서 만든 돈가스와 새로운 형태의 밥을 고민한 결과물이 '비빔밥을 곁들여 먹을 수 있는 칼국수와 돈가스'라는 콘셉트였다. 비빔밥은 세 가지 나물과 볶은 소고기 고추장을 손님들이 직접 조합해서 비벼 먹는 콘셉트다. 이른바 '셀프 비빔밥'의 형태인 것이다. 이 비빔밥은 돈가스를 먹는 손님들은 물론 칼국수를 먹는 손님들도 드실 수 있게 했다. 그 과정에서 나는 손님들을 만족시켜 드리는 것뿐만 아니라 수익성도 고려해야 했기 때문에 메뉴의 수와 가격 등 사업타당성 분석까지 꼼꼼하게 체크할 수밖에 없었다.

'느티나무 칼국수 & 돈까스'의 콘셉트를 만들어가면서 여러 번 포포차 프랜차이즈를 떠올려야 했다. 포 포차의 '1m 꼬치'도 당시에는 아주 특이했고 떡볶이와 계란 프라이 무한 리필이라는 콘셉트도 마음에 들어서 시작했지만 1년 만에 리뉴얼을 할 수밖에 없었다. 소비자들의 만족도는 높았지만 수익성이 소비자의 만족도를 쫓아가지 못했기 때문이다. 한 마디로 콘셉트의 조화에 문제가 있었던 것이다. 본점에서는 직장인을 타깃으로 기획했지만 우리 매장의 주요 고객은 대학생이었다. 타깃으로 생각하는 고객이 누구인가에 따라 원가율이 달라져야 한다는 점을 고려하지 않았던 것이다. '포 포차'는 떡볶이와 계란 프라이의 무한 리필 콘셉트인데 직장인들은 무한 리필보다는 '1m 꼬치'라는 메인메뉴에 집중했고, 학생들은 메인메뉴보다는 무한 리필에 집중했던 것이다. 당연히 수익성이 좋을 수가 없었다.

결국 '화덕 삼겹살' 프랜차이즈로 재단장할 때는 메뉴와 가격, 판매방법에 집중했다. 450도의 화덕에서 초벌구이를 한 돼지 삼겹살을 사각의 넓은 돌판 테이블로 옮겨서 다시 한번 굽는 방식인데 이때 고기에 소주를 뿌려 화려한 '불쇼'를 연출했다. 손님들이 흥미를 느낄 수 있는 콘셉트라는 생각이 들었고, 수익성도 면밀하게 검토했다. 손님들의 반응은 기대 이상이었다. '화덕 삼겹살'이라는 새로운 콘셉트에 손님들은 만족했고, 수익성도 충족되었다. 다시 일하는 것이 즐거워졌다. 이처럼 콘셉트는 손님과 업주를 모두 만족시켜야 할 뿐만 아니라, 매장의 분위기와 이미지도 조화를 이루어야 한다. 식당 창업에 있어 콘셉트는 내가 만든 핵심적인 이미지를 표현하고 그 이미지를 고객에게 잘 전달하는 작업이다. 그러므로 고객이 기억할 수 있는 나만의 색깔을 명확하게 만들어야 한다.

"식당은 손님들에게 좋은 이미지와 분명한 콘셉트로 기억되어야 한다."

'느티나무 칼국수 & 돈까스'의 주 메뉴는 수제 돈가스와 칼국수 두 가지다. 객 단가를 높이기 위해 미리 준비할 수 있는 수육을 메뉴에 포함시켜서 커플 세트와 패밀리 세트 두 가지 세트 메뉴를 만들었다. 메뉴는 콘셉트를 이루고 있는 요소 중의 하나이다. 메뉴를 다양하게 구성하고 싶지만 그렇게 되면 주방에 많은 인력이 필요하다. '느티나무 칼국수 & 돈까스'의 주방은 1인 시스템으로 칼국수와 돈가스 모두 3분 조리가 원칙이다. 조리 매뉴얼은 누구나 일관성 있게 조리할 수 있도록 쉽게 만들었다. 30명의 단체 손님이 갑자기 방문했을 때에도 15분 이내에 음식을 제공할 수 있어야 한다고 생각했다. 나의 경험으로 미루어보면 손님이 기다릴 수 있는 최대시간은 15분이기 때문이다.

나는 '느티나무 칼국수 & 돈까스'가 약간의 '괴짜스러움'을 간직하기를 원한다.

메뉴는 단순하지만 모든 메뉴를 식당에서 직접 만들기 때문에 정성이 담겨 있다. 그 정성만큼 준비시간도 꽤 필요하다. 아침마다 망치로 돼지고기를 두드린다. 그리고 20여 가지의 재료가 들어가는 소스도 매일 끓인다. 대부분의 손님들이 이런 작업을 직접 볼 수는 없지만, 우리 식당의 음식을 찾아 주시는 손님들을 통해 정성과 노력을 평가받고 있다고 생각한다. 이 외진 곳까지 돈가스와 칼국수를 먹기 위해 손님들이 찾아오시는 이유일 것이다.

식당은 손님들에게 좋은 이미지와 콘셉트로 기억되어야 한다. 그리고 유머를 강조하고 싶다. 출입구에서부터 시작되는 작은 유머는 손님을 '피식' 웃게 만들 수도 있는데 매장을 기억하게 만드는 하나의 요소일 수도 있다. 식당의 기본은 QSC(퀄리티, 서비스, 청결)이 기

・ 느티나무 돈가스 ・

본 원칙이다. 여기에 'Fun'을 더한다면 손님들의 기억에 남는 식당이 될 것이다. 가끔이지만 음식도 맛있게 먹고 재미있는 유머도 잘 보고 간다며 인사를 건네시는 손님이 있다. 간단한 글귀 하나가 손님들께 웃음을 전할 수 있다면 나 또한 손님들과 작은 소통에 성공한 것이어서 보람이 있다. 나는 진정성 있는 음식을 만들고 손님들에게 힐링 되는 음식점을 만들고 싶다는 의지를 가지고 있다. 이것을 위해서 테이블 매트로 사용하는 종이 한 장에도 신경을 쓰고, 스마일이 그려진 유리컵과 수저, 포크, 유머 등은 작은 것까지 놓치지 않으려고 애를 쓴다. 음식을 먹고 계산을 하면서 포인트를 적립한다. 카드결제는 음식 값의 5%, 현금결제는 음식 값의 10%를 적립하고 포인트 10,000점부터는 포인트로 결제할 수 있다. 어떤 손님은 포인트 만드는 재미도 쏠쏠하다 하신다.

"차별화된 콘셉트의 핵심은 콘셉트 그 자체가 아니라,

콘셉트를 이루는 요소들이 조화를 이루는 것에 있다."

독립창업이든 프랜차이즈 창업이든 자신만의 개성과 색깔을 요구하는 시대다. 바로 그 개성과 색깔이 '콘셉트'라고 생각한다. 차별화는 매장의 스토리와 문화로 연결된다. '느티나무'의 점심시간은 손님들이 셀프 바 앞에서 비빔밥 그릇을 들고 줄을 서 있다. 이 모습이 익숙해지면 우리 매장의 작은 문화가 될 것이다. 그때부터는 손님들이 줄을 서는 것이 우리 집만의 문화를 즐기는 일이 될 수도 있다고 생각한다. 인테리어 비용으로 지출한 금액은 500만 원에 불과하지만, 우리 매장은 나름대로 하루에 100명 이상의 손님들이 꾸준히 찾아주시고 가끔은 웨이팅을 해야 입장이 가능한 '대박집' 분위기를 연출하기도 한다.

이마트 24 편의점을 기획할 때도 콘셉트를 생각해보았다. 남들과 똑같은 편의점은 싫었다. 차별화되는 분명한 콘셉트가 필요하다고 생각했기 때문에 기존의 편의점에서 한 발 더 진화된 프리미엄 편의점을 하기로 했다. 어디에서나 볼 수 있는 편의점이라고 해도 '프리미엄'이라는 수식어 자체가 하나의 콘셉트가 될 수도 있다. 나는 60평의 넓은 매장에서 은은한 불빛의 LED 조명, 전문 샵에 온 것 같은 느낌의 와인 디스플레이, 그리고 분위기 있는 카페 느낌의 노출 천장 인테리어로 꾸며진 매장의 탁자에서 손님들이 즐겁게 도시락을 먹는 장면을 연출하고 싶었다. 본사에서 생각하는 매장과 내가 생각하는 매장은 상당한 차이가 있었고 오픈하기 전부터 본사와 줄다리기를 시작했다. 이것저것 요구사항이 많다보니 본사 입장에서도 투자금액에 대한 리스크를 고민했을 것이다.

개업 후 손님들은 출입문을 열고 들어오면서 매장의 분위기를 살펴본다. 기존에 보아왔던 편의점보다 조금은 고급스러운 느낌이 들었을 것이다. 같은 상품이라도 진열상태와 조명, 그리고 매장의 분위기에 따라 고객들은 분명히 다르게 느낄 수 있다. 그리고 공간이 넓은 편의점의 경우에는 와인을 진열하면 장점이 많다. 무엇보다

"카페 분위기의 편의점" 콘셉트는 지금까지도 사람들에게 좋은 평가를 받고 있다.

'파워진열'이라는 방법을 통해서 소비자의 구매 욕구를 강화하는 전략을 펼칠 수 있다. 손님들은 같은 상품이라도 한두 개의 상품을 개별적으로 진열했을 때보다 그 상품이 수북하게 쌓인 상태로 진열되었을 때 구매 확률이 높아지기 때문이다.

　마지막으로 분명히 기억해야 할 것은 콘셉트 구성하는 모든 요소들이 조화를 이루어야 한다는 사실이다. 콘셉트를 구성하는 요소는 메뉴부터 가격, 입지, 분위기, 판매 방법, 고객의 매장 이용목적 등이 하나의 퍼즐처럼 균형 있게 결합되어 있어야 한다. 요즘에는 식당도 '맛'이라는 하나의 장점만 가지고 경쟁하기는 힘들다. '맛'이라는 것은 사람마다 다르게 느끼는 주관적인 요소이기 때문에 매장의 분위기와 서비스 형태에 따라 극단적으로 달라지기도 한다. 콘셉트를 고민해야 하는 이유가 여기에 있다.

• 느티나무 돈가스 •

기술력,
내가 만든 '달인의 레시피'

식당 창업에는 독립창업, 프랜차이즈 창업, 전수 창업이 있다. 예비 창업자는 자신의 환경에 맞는 분야를 선택하면 된다. 단, 어떤 것을 선택하든 창업하는 사람의 간절하고 절실한 마음이 없다면 절대로 하면 안 된다. 나는 우연치 않게도 세 가지 분야의 창업을 모두 경험해 보았다. 개인적으로 초보 창업자에게 가장 추천하고 싶은 것은 전수 창업이다. 기술력과 식당 운영의 노하우를 미리 배워서 시작하는 전수 창업은 그나마 창업의 위험 부담률을 낮출 수 있는 분야이기 때문이다.

요즘은 프랜차이즈 시장이 포화상태일 뿐만 아니라 경쟁도 아주 심해서 가끔 정도를 벗어나 '꼼수'를 부리는 프랜차이즈 본부들을 목격하게 된다. 수익성을 고려하지 않고 오직 가맹점 모집에만 혈안이 되어서 무조건 가격을 낮추는 방식으로 손님들을 끌어들이려는 프랜차이즈가 대표적이다. 일명 '보여주기 식' 가맹점 모집 방법인데, 원가 공개도 제대로 하지 않고 직영점을 늘려서 예비 창업자를 현혹하는 프랜차이즈 업체들인데 절대로 여기에 현혹되어서는 안 된다. 프랜차이즈 창업을 선택할 때에는 원가 분석을 철저하게 하고 브랜드 가치를 충분히 검토해야 한다. 그리고 먼저 시작한 점주들을 만나서 의견을 충분히 들어본 다음에 결정하는 것이 좋다. 프랜차이즈라고 하더라고 남들과 차별화된 전략과 콘셉트가 없다면 살아남기 힘든 것이 오늘날 요식업의 현실이다.

"식당 창업은 기술력에 콘셉트를 입히는 작업이다."

식당 창업은 자신이 가진 기술력에 콘셉트를 입히는 작업이다. 나는 그동안 기술력이 없었기 때문에 각기 다른 아이템의 프랜차이즈 가맹점을 다섯 번이나 했다. 프랜차이즈 창업에는 아주 분명한 장단점이 존재한다. 일단 프랜차이즈는 초기에 많은 자본이 필요하고 지속성을 유지하기 어렵다는 공통점이 있다. 하지만 소비자에게 쉽게 다가갈 수 있는 브랜드 인지도는 프랜차이즈가 가진 최고의 장점이다. 독립창업이든 프랜차이즈 창업이든 일정 정도의 리스크는 존재하지만, 창업자의 마음가짐과 준비 과정에서 리스크를 충분히 줄일 수도 있다.

식당 창업 과정에서는 오직 검증된 사실만 믿어야 한다. 무작정 잘 될 것이라는 막연함은 실패로 이어진다. 예비 창업자라면 자신이 선택한 아이템을 많이 보고 많이 경험하는 것이 무엇보다 중요하다. 식당 창업은 첫 단추가 가장 중요하다. 자본금 1억 미만의 소자본 창업이라면 더욱 신중해야 한다. 자신에게 어떤 기술력이 있거나 확고한 콘셉트가 정해져 있다면 다행인데, 어설프게 잘 되는

잘 되는 식당은 그들만의 노하우나 내공이 있다. 그것은 하루아침에 만들어진 것이 아니다.

식당을 벤치마킹해서 '나도 저렇게 하면 잘 될 거야.'라는 생각으로 막연하게 문을 여는 것만큼 위험한 행동이 없다. 소위 잘 되는 식당은 오랜 시간 쌓아온 그들만의 노하우와 내공이 존재한다. 그것은 결코 하루아침에 만들어진 것이 아니다.

가장 결정적인 위기의 순간에 기댈 수 있는 것은 언제나 노력과 인내의 결과물밖에 없다. 나는 10년 동안 배달을 하면서 준비하고 공부했다. 음식점의 본질과 메뉴 선정에 대해서도 생각을 많이 했고 많은 식당들을 직접 가서 봤다. 무슨 일이든 그렇겠지만 예비 창업자는 절대 서두르면 안 된다. 자신이 선정한 아이템이 있다면 경쟁업소에서 최소한 몇 개월 정도는 일을 해보고, 발품을 팔아서 점포도 돌아보고, 상권분석도 미리 해야 한다. 그러다 보면 자신의 약점과 준비가 부족했던 부분들을 발견할 수 있을 것이다. 창업은 그렇게 발결된 약점들을 최대한 보완한 후에 결정해야 한다.

만약 자신이 정한 아이템에 확신이 없고 자본과 기술력이 부족하고 경험이 없다면 전수 창업이 대안이다. 이미 검증받은 '고수'에게 기술을 교육받고 운영방법을 익히는 것이다. 예를 들어, 인테리어 비용으로 2,000만 원을 예상하고 있다면 차라리 인테리어 비용을 반으로 줄이고 그렇게 줄인 자금을 전수비용으로 투자하는 것이 현명할 것이다. 물론 전수비용은 천차만별이다. 100만 원부터 많게는 몇 천만 원을 호가한다. 아무래도 복어전문점이나 일식 전문점은 전수비용이 많이 들겠지만 단품 메뉴인 국수나 국밥, 그리고 찜닭이나 아귀찜 기술은 비교적 저렴하다. 인터넷 서칭만 해봐도 전수 기술을 가르쳐 주는 곳은 수도 없이 많다. 중요한 것은 그 중에서 옥석을 가려내는 것이다. 현재 그 업소에서 얼마의 매출을 올리고 있고, 어떤 방법으로 운영을 하고 있는지에 대해 반드시 검증작업을 거쳐야 한다.

"기술력은 '비법' 레시피가 아니라 내가 만들고 있는 음식을 이해하는 것이다."

아이템과 이를 뒷받침하는 기술력은 강력한 무기다. 프랜차이즈에서는 이 강력한 무기를 시스템과 교육으로 제공해 준다. 하지만 프랜차이즈로 시작하기에 자본이 부족한 사람들은 스스로 무기를 만들어야 한다. 나는 '느티나무 칼국수 & 돈까스'를 1년 전부터 준비했다. 칼국수는 아내와 같이 밥 먹으러 갔다가 우연히 칼국수 집을 인수했던 인수 창업의 결과물이었다. 아내가 1년 동안 그 칼국수

집을 운영했기 때문에 검
증받은 기술력이 있었다.
돈가스를 만드는 기술은
경산에서 고깃집을 운영
할 때부터 돈가스에 관
심이 있어서 지인으로부
터 배워둔 것이었다. 독
립창업에 뜻이 있었기

내가 생각하는 기술력은 내가 만드는 음식을 이해하는
것이다.

때문에 몇 가지의 한식 조리까지도 지인인 요리사로부터 배웠었다.
칼국수와 돈가스 두 가지 기술을 합쳐서 어떤 콘셉트를 만들 것인
가에 대한 고민은 시간을 두고 천천히 진행했다. 수제로 만든 음식
을 원했기 때문에 연습을 통해 얼마나 숙련되는가 하는 것이 관건
이었다. 고깃집과 치킨 집을 할 때에도 돈가스 소스를 만들어서 삼
겹살과 함께 맛보기도 하고, 치킨에 찍어서도 먹어보는 등의 실험
을 했다. 돈가스 소스는 같은 조리법이라고 해도 양의 많고 적음이
나 조리하는 온도에 따라 맛의 변화가 심했다.

　고깃집을 하면서부터 점심 메뉴를 만들기 위해 한식을 배웠는데,
그 중에서 순두부찌개와 김치찌개는 꽤 인기가 있었다. 점심식사
시간에는 불린 쌀을 양은냄비에 넣어서 갓 지은 밥을 제공했다. 모
든 요리가 그렇지만 양은냄비에 갓 지은 밥은 그 자체만으로도 맛
있다. 거기에 찌개나 제육볶음을 곁들여 밥을 먹고 난 뒤에 미리 물

을 부어둔 누룽지로 긁어 먹으면 금상첨화라고 할 수 있다. 순두부 찌개에 들어가는 홍합은 저녁에 고기를 드시는 손님들께 홍합탕을 끓여서 서비스로 제공했다. 기본적인 찌개류와 제육볶음과 같은 일상적인 음식을 만드는 것은 별다른 기술이 필요 없을 것이라고 생각할 수 있지만, 바로 그 부분에 대한 이해가 식당의 성공과 실패를 결정하는 핵심이 되기도 한다. 고깃집의 점심 매출을 위한 방편으로 배워 둔 기본 한식인데 지금은 자연스럽게 몸으로 익숙해져서 훗날 또 다른 나의 무기가 될 수도 있다고 믿는다.

"모두 유명한 '셰프'가 되어야 하는 것은 아니다.
하지만 자신의 식당에서는 '달인'이 되어야 한다."

점주는 가게의 중심에서 모든 것을 통제할 수 있어야 한다. 주방장을 고용하더라도 점주는 모든 메뉴를 직접 조리할 수 있어야 하고, 모든 재료의 원가에서부터 매장의 서비스 시스템까지도 한눈에 파악할 수 있어야 한다. 뭐든 모르고 있기 때문에 불편한 문제가 발생한다. 점주가 모르면 직원들에게 모범이 될 수도 없고 가르칠 수도 없다. 한 마디로 점주가 모르는 사소한 일 때문에 가게운영에 차질이 생긴다는 것이다. 모르는 것은 반드시 약점이 되어 나타나게 된다. 갑자기 주방 직원이 빠져서 영업을 할 수 없는 어처구니없는 상황이 생기기도 한다. 독립창업이든 프랜차이즈 창업이든 점주는 혼자서 조리와 서빙을 하면서 테이블 정돈까지 소화할 수 있는 능

• 느티나무 돈가스 •

력을 쌓아둬야 한다. 기술력과 콘셉트의 조화가 이루어지면 비로소 하나의 온전한 매장이 만들어진다. 기술력만 가지고 식당을 운영할 수는 없다. 명확한 콘셉트가 없으면 경쟁력 없는 그저 그런 식당으로 전락하게 되기 때문이다. 만약에 고깃집을 하고 싶다면 최소한 고기를 고르고 자르는 법은 배워둬야

하고, 주메뉴인 고기와 관련된 사이드 메뉴, 그리고 함께 제공되는 겉저리나 김치, 쌈장, 된장찌개 정도는 본인이 능숙하게 만들 수 있어야 한다. 한마디로 점주는 자기 식당에서는 '달인'이 되어야 한다는 것이다.

브랜드 가치,
감성적인 스토리와 문화를 어떻게 만들 것인가?

학교에서 첫 번째 강의를 시작하면서 나는 학생에게 손을 들어보라고 한다. '오븐에 구운 닭'을 아는 사람이라고 했을 때에는 거의 2/3나 되는 학생이 손을 들었다. 반면 '느티나무 칼국수 & 돈까스' 아는 사람이라고 하니 한두 명이 전부였다. 이것이 프랜차이즈 창업과 독립창업의 차이라고 말하면서 강의를 시작하곤 한다. 프랜차이즈 창업은 많은 자본금이 필요하지만 브랜드 인지도라는 측면에서는 굉장히 유리하다. 외식산업에서 브랜드의 인지도라는 것은 조금 더 구체적으로 말하자면 이미 고객들이 기억하고 있는 '맛'과 '이미지'라고 할 수 있을 것이다. 브랜드 인지도가 중요한 이유는 소비자가 가지고 있는 고정관념을 바꾸는 일이 결코 쉽지 않기 때문이다.

그래서 '브랜드 가치를 키운다.'는 것이 말처럼 쉬운 일은 아니지만, 그렇다고 불가능한 일도 아니다. 정성껏 준비한 음식이나 서비스가 손님들에게 작은 감동으로 이어지면 손님들은 식당의 브랜드를 기억하고 이런 것들이 모여서 브랜드 인지도가 만들어지는 것이다. 나 역시 '느티나무 칼국수＆돈까스'가 브랜드 인지도와 브랜드 가치를 갖는 그날까지 진정성을 갖고 한발 한발 나아갈 생각이다.

"나만의 감성을 디자인하라."

식당의 브랜드 인지도에는 음식은 물론 물리적 환경과 서비스 하나까지도 긍정적인 이미지로 연결될 수 있는 요소들이 포함되어 있다. 그래서 광고나 SNS의 적극적인 홍보를 통해서 식당이나 브랜드를 알리는 것도 중요하지만, 거기에는 반드시 식당과 브랜드의 긍정적인 이미지로 연결되는 요소가 포함되어 있어야 한다고 생각한다. 무엇보다 손님들께 제공하는 음식이나 서비스 그리고 공간이 만들어내는 분위기가 좋아야 재방문으로 이어지게 되고, 높은 재방문율은 브랜드 가치를 창출하는 핵심적인 요인이 될 것이기 때문이다. 손님 한 사람 한 사람이 받아들이는 긍정적인 이미지들이 모여서 브랜드 가치로 이어지는 것이다. 이를 위해 사소한 것부터 집중할 필요가 있다.

"당신의 스토리는 무엇입니까?"

나는 가끔 내 엉뚱한 생각이 손님들에게 미치는 영향, 그리고 매출과의 상관관계가 궁금할 때가 있다. 한번은 고깃집에 피아노를 가져다 놓은 적이 있었다. 물론 악보도 비치해뒀다. 손님들은 삼겹살 가게에 놓여 있는 피아노를 의아해 했는데 "피아노를 연주하시는 손님께는 고기 1인분을 서비스로 드립니다."라는 문구를 붙였더니 손님들이 가끔씩 피아노를 연주하기 시작했다. 멋진 연주를 마친 후에는 어김없이 박수를 쳤고, 어린아이의 서툰 연주에도 식당의 손님들은 하나같이 '엄지 척'을 해주었다. 아마도 엉뚱한 생각을 하고 그 엉뚱한 생각의 결과가 궁금해지면 '실험'을 하는 나의 습관이 만든 장면이었을 것이다. 프랜차이즈 가맹점을 하는 동안에도

손님들이 피아노를 치는 모습

나는 다른 가맹점에서 찾아볼 수 없는 나만의 색깔을 표현하고 싶어서 소품이나 서비스에 관심을 기울였다. 여러 종류의 화분을 배치하기도 하고 삼겹살을 주문하면 해물 순두부찌개를 서비스로 주고 아기들을 데려오는 손님들을 위해서 뻥튀기 과자를 준비해 놓기도 했다.

나의 생각이 엉뚱하게 느껴지고 행동이 이상해 보일 수도 있

을 것이다. 하지만 나는 대박집과 망하는 집의 차이가 사실은 '종이 한 장'에 불과하다는 것을 알고 난 이후부터는 매순간 항상 진지했다. 같은 메뉴라도 '어느 집이 더 먹음직스럽고 보기 좋게 만들어내는가? 누가 더 손님에게 배려하고 세심하게 신경을 썼느냐?'의 문제에 따라 결과는 완전히 달라지기 때문이다. 장사의 성공 여부는 식당을 방문한 손님이 다시 오느냐, 다시 오지 않느냐에서 결정된다. 그래서 재방문을 이끌어내기 위해서는 남들보다 한 발 더 움직이는 디테일이 필요하다고 생각했다. 식당이기 때문에 '싸고 푸짐하게'도 좋은 방법이지만, 자신만의 색깔과 콘셉트가 '싸고 푸짐하게'보다 더 중요하다는 것이 나의 지론이다. 콘셉트에 감성이 입혀지면 그 집만의 매력이 만들어진다. 손님들은 바로 그 매력을 보고 다시 방문하는 것이기 때문이다.

"감성 디자인의 출발점은 배려와 디테일이다."

20년 동안 식당을 하면서 나 역시 식당의 분위기에 대해 많은 생각을 했다. 자료를 찾아보기도 하고 직접 방문해서 눈으로 확인하면서 '어떻게 하면 손님들이 원하는 편안한 분위기를 만들 수 있을까?'를 고민해 왔다. 그 결과 나는 분위기, 즉 식당의 감성적인 부분은 배려와 디테일에서 출발한다는 사실을 깨닫게 되었다. 어떤 그릇을 사용하고 어떻게 세심한 마음을 표현하고 전달하느냐에 따라서 손님들은 그것을 '편하다' 또는 '불편하다'라는 이미지를 갖게 되기 때문에 감성이나 분위기는 식당의 아이템을 정하는 순간부터 콘셉트 완성하는 순간까지 모든 과정에서 반드시 고려해야 하는 요소이다. 감성이나 분위기를 한 마디로 표현하는 것은 굉장히 어려운일이다. 왜냐하면 손님들 개개인의 감성은 모두 다르기 때문이다. 그럼에도 불구하고 나는 대박집을 찾아다니면서 몇 가지 공통점을 발견했고 이를 '느티나무 칼국수&돈까스'에 접목하기 위해 노력해왔다.

어느 정도 사람들에게 알려진 대박집을 다니면서 내가 발견한 공통점 가운데 하나는 가게의 입구마다 화분과 나무가 많다는 것이다. 화초와 나무를 가꾸는 정성으로 매장을 가꾸다 보니 대박집이되었을 것이라는 생각이 들었다. 나 또한 '느티나무'를 창업할 때

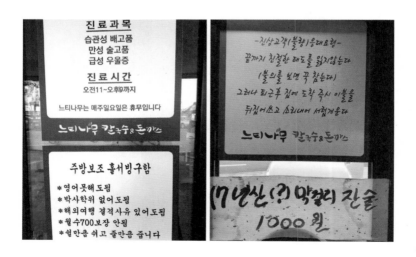

느티나무 한 그루를 오랫동안 잘 키우고 싶은 마음으로 시작했다. 프랜차이즈 가맹점에 비하면 너무 작은 20평 남짓한 가게지만, 모든 것을 내가 직접 계획한 가게를 만들고 싶었다. 그래서 위치도 지금의 이곳으로 정한 것이다. 이 자리는 우리 부부가 정말 아무것도 가진 것 없었던 10년 동안의 애환과 노력이 담겨 있던 추억의 장소이기 때문이다.

내가 발견한 대박집의 공통점 두 번째는 '웃음'이었다. 그래서 대박 집들은 하나같이 분위기가 아주 밝은 느낌이 들었다. 그래서 내가 벤치마킹한 것은 손님들께 아주 짧은 농담을 건네는 방식이었다. 켈리그라피로 '임진왜란 참전용사는 공짜' 별것 아니지만 손님들은 카운터 앞에 적힌 그 짧은 글귀를 보고 피식 웃으며 나간다. 그리고 매장 곳곳에 켈리그라피로 쓰여 있는 유머들이 많은 노력이나 비용이 드는 것은 아니지만, 손님들은 그 글귀를 보고 한 번씩 웃으니 나도 기분이 좋아진다. 다른 한쪽 벽에는 돼지고기를 망치질하는 모습과 돈가스 소스를 만드는 모습을 찍은 사진을 가로 4m 세로 1.5m 크기로 확대해서 붙여두었는데, 꾸준히 그리고 오랫동안 돈가스를 만들겠다는 다짐을 전하고 싶었다. 이렇게 짧은 글귀와 사진들로 매장을 채운 이유는 우리 가게의 스토리와 문화를 손님들에게 전하고 싶기 때문이다.

한 번이라도 다녀가신 손님은 우리 가게를 기억할 수 있어야 한다. 이를 위해서 음식에 정성을 쏟고, 유머를 적은 글귀들을 붙여두고, 계절마다 화분을 바꾸고, 포인트를 적립하는 등 우리 매장만의 긍정적인 이미지를 만들기 위해 노력하고 있다. 칼국수나 돈가스가 먹고 싶을 때 우리 가게를 떠올리는 손님들이 많아질수록 매출도 올라갈 것이다. 내가 할 수 있는 일은 맛을 유지하기 위해 정성을 다하는 것밖에 없다. 비록 작은 가게이지만 항상 편안하고 재미있는 분위기여서 손님들이 다시 방문하고 싶은 식당으로 만들기 위해 노력할 것이다.

"문화와 스토리, 그리고 오감으로 기억되는 가게를 만들자."

내가 다른 가게에 손님으로 방문했을 때처럼 우리 가게를 찾아주신 손님들은 오감으로 우리 가게를 기억할 것이다. 가게의 분위기를 눈으로 보고 귀로 듣고 몸으로 느끼고 있으면 음식이 내 앞에 나오는데 그때 맛있는 냄새를 맡고 입으로 맛을 느낄 때면 행복한 느낌이 들게 마련이다. 한마디로 손님을 배려해서 행복하게 만드는 것이 장사의 비결인 것이다. 손님들이 원하는 것을 찾아내는 것이 쉽지는 않지만, 노력을 기울이다 보면 찾아진다는 것을 나는 경험을 통해 알게 되었다. 거창한 것이 아니라 화장실에 꽃 한 송이, 출입문 앞에 화분 하나로 계절에 따라 달라지는 분위기를 연출할 수 있으며, 숟가락과 젓가락을 올려놓는 테이블 매트 한 장에 가게를 표현하는 사진과 글을 넣을 수도 있다. 작은 소품 하나 화분 하나가 대단한 것은 아니지만, 손님들은 그 단순한 것에 때문에 편안함을

손님들이 느끼는 편안함이나 행복감은 사소한 것에서 비롯한다.

느끼고 행복해한다. 매장에 있는 캘리그라피 글귀 하나가 손님들의 감성을 즐겁게 한다면, 셀프 비빔밥 하나에 손님이 감동한다면, '느티나무'의 스토리와 문화는 손님들에게 저절로 아주 오랫동안 기억될 것이다. '느티나무' 매장의 감성적인 스토리와 문화를 어떻게 만들어가고 어떻게 지속해가느냐가 숙제가 될 것이다.

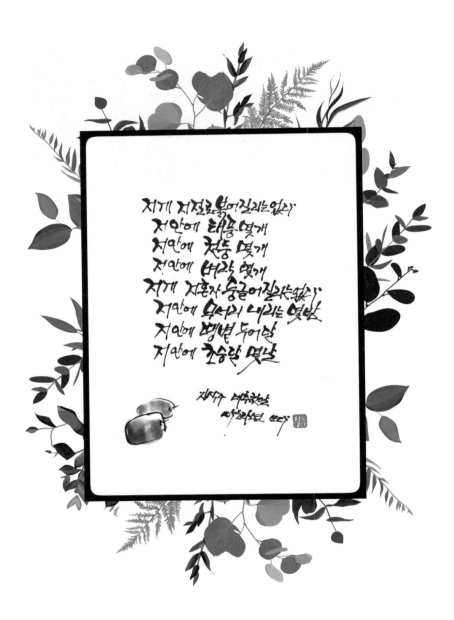

직원 교육과 시스템,
지속가능한 식당은 시스템으로부터

식당을 창업하고 그 식당을 성공으로 이끌어가는 과정에서 반드시 필요한 것은 아이템과 자본, 그리고 사람이다. 프랜차이즈 창업이나 소규모의 독립창업을 하면서 가장 소홀하기 쉬운 부분이 사람과 관계된 일이다. 나는 함께 일하는 사람이 누구인지에 따라 매장의 운명이 좌우될 수도 있다고 생각한다. 나의 경험으로 미루어 봤을 때, 소규모 독립창업은 물론 프랜차이즈 가맹점의 경우에도 직원들과의 단합은 매출에 결정적인 영향을 미치는 요소였다. 그래서 직원을 채용할 때마다 나는 가장 우선적으로 다른 사람을 배려할 수 있는 사람인지 그리고 성실한 사람인지를 살피기 위해 노력했다.

서울야식과 이조식당을 하던 시절 가장 힘이 되었던 사람은 물론 아내였다. 하지만 가족인 아내를 제외하면 당시에 8년 동안이나 주방 일을 도와주셨던 '이모님'이 나에게는 아주 든든한 우군이었다. 이모님의 도움이 없었다면 지금의 내가 있었을까? 라는 생각이 든다. 지금도 가게에 한번씩 놀러 오시면 그렇게 반가울 수가 없다. 내가 가장 어려운 시절에 도움을 주신 분이라 세월이 지나도 정이 가고 고마운 분이다. 이모님은 식당일이 서툴렀던 나를 어머니 같은 마음으로 지켜봐주신 분이었다. 그리고 벌집 삼겹살을 했을 때에는 매장관리 능력이 탁월한 매니저의 도움을 많이 받았다. 나이는 어렸지만, 솔선수범하며 직원들을 잘 이끌어 주었다. 오히려 점주인 내가 매니저를 의지하면서 많은 것들을 배웠다는 생각이 든다.

이런 경험들 때문인지 내가 가진 습관 중에 하나는 가게의 일을 직원들과 함께 상의한다는 것이다. 특히 식당의 업무에 관련된 것들은 주방직원과 홀 매장의 직원이 같이 모여서 서로의 생각을 나눈다. 거창하게 회의라고 이름을 붙이지 않더라도 서로가 느끼는 불편 사항들을 이야기하다 보면 항상 합의점이 생기곤 했다. 우리 가게에서 나는 같이 일하고 같이 책임지는 분위기를 만들고 싶다. 그래서 직원들을 파트너라고 생각하고 있다.

"식당 창업은 누구나 할 수 있다.
하지만 시스템이 없으면 실패할 수밖에 없다."

창업은 누구나 할 수 있다. 하지만 창업 이후에 매장의 안정적인 운영을 생각한다면 시스템과 직원에 대한 교육은 작은 식당이라도

• 느티나무 돈가스 •

반드시 갖추어야 하는 요소다. 1인 창업을 하면 인건비가 적게 들어서 리스크는 줄어들겠지만, '얼마나 지속할 수 있을까?'의 문제를 생각하면 다른 결론에 도달하게 된다. 작은 식당이라고 하더라도 프랜차이즈 식당들처럼 기본적인 '시스템'을 갖추어야 한다. 자본금 부족으로 독립창업을 선택해서 작은 가게를 운영하더라도 분업이 제대로 이루어지지 않은 상태에서 혼자 모든 일을 다 처리하다 보면 지치기 마련이다. 창업은 '길고 외로운 싸움'이기 때문에 역할분담을 통해서 지속성에 무게를 두어야 한다. 테이블을 적게 놓고 혼자 할 수 있는 만큼만 하면 된다고 생각하는 사람도 있을 것이다. 하지만 장사는 우선적으로 수익을 얻는 것이 목표이다. 적은 수의 테이블에서 과연 얼마의 매출을 기대할 수 있을 것인가? 게다가 혼자서 모든 일을 감당하다 보면 시간이 지날수록 몸은 힘들어지고 그 결과 서비스의 질과 수익률은 떨어지게 될 것이다. 그런 상태에서 과연 만족할 수 있는 사람이 있을까 싶다.

'느티나무'를 시작할 때 나 역시 예상되는 손님의 수와 예상매출액을 산출해서 수익성을 검토해 보았다. 처음에는 칼국수라는 한 가지 아이템으로 기획을 했다. 그런데 일요일을 쉬는 날로 정해놓은 상태에서 객 단가 6500원의 칼국수로는 점심시간 10개의 테이블 전체를 2회전 한다고 해도 목표 매출액인 월 2,000만 원을 달성할 수 없었다. 그래서 리스크를 무릅쓰고 8500원인 돈가스와 6500원의 칼국수를 함께 메뉴로 구성했던 것이다. 그리고 수육을 추가해서 20,000원 세트 메뉴와 30,000원 세트 메뉴까지 구성했다. 칼국수와 돈가스의 조리시간은 3분으로 맞춰서 세팅했다. 이 상태에서 다른 메뉴를 추가하면 조리시간은 물론 주방 인원도 충원이 필요하기 때문에 다른 메뉴는 과감히 포기했다. 예상 인원은 주방보조 1명과 홀 서빙 1명이었다. 주방에서 일을 한 경력이 없다고 해도 칼국수와 돈가스의 3분 레시피는 누구나 튀기고 끓일 수 있는 주방 시스템을 완성시켜 주었다. 주문이 들어온 다음, 음식은 누가 조리하더라도 똑같은 맛을 낼 수 있어야 하며 5분 이내로 조리를 완료할 수 있어야 단체손님이 왔을 때에도 주방시스템이 흔들리지 않는다. 점심시간에 전체 테이블을 두 번 회전시키는 과정에서 관건은 조리시간과 직원들 간의 호흡이다. 어느 식당이든 최소의 인원으로 최대의 매출을 달성하는 데 있어서 가장 중요한 시간은 12에서 2시까지의 점심시간이기 때문에 주방 직원과 홀 직원의 호흡이 중요하다. '느티나무'의 경우 홀 서빙 직원에게도 주방 일과 홀 서빙을 함께 교육함으로써 멀티플레이가 가능하게 했는데 이것은 우리 식당의 업무매뉴얼이다.

실제 나의 경험으로 미루어봐도 홀을 담당하는 직원이 주방 시스템을 이해하면 서빙이 훨씬 쉬워진다. 점주의 역할은 주방과 홀을 매끄럽게 이어주고 매장 전체를 살피는 '관제탑'이 되는 것이다. 바쁜 점심시간에는 점주의 역할 수행에 따라 직원들의 일이 조금 쉬워질 수도 힘들어질 수도 있다. 점주가 홀의 상황과 주방의 상황을 정확하게 파악하고 있어야 일의 우선순위를 정할 수 있다. 주문한 음식의 조리시간이 오래 걸리고 재료의 준비가 허술하면 주방은 주방대로 엉망이 되고 서비스도 실패로 이어지게 된다.

"인센티브로 표현하는 파트너에 대한 존중"

아이디어는 항상 머리를 맞대야 한다. 고깃집을 할 때는 고기의 숙성시간과 초벌 시간에 대해서 주방직원들과 자주 이야기했다. 치킨 집을 할 때도 당연히 오븐 온도와 치킨의 바삭함에 대해서 많은 이야기를 했다. 똑같은 레시피가 주어져도 현장의 상황에 따라 음식 맛은 달라지기 마련이다. 숙성시간과 초벌 시간은 고기의 식감과 맛에 직접적인 영향을 미치는 요소이고, 오븐에 치킨을 한 마리만 넣고 구웠을 때와 여러 마리를 넣고 구웠을 때를 비교해 보면 같은 시간 동안 굽는다고 하더라도 맛 차이가 확연하다는 것을 알 수 있다. 그것은 오븐 온도가 한 마리를 넣었을 때 문을 여는 시간과 여러 마리를 넣었을 때 문을 여는 시간을 고려하지 않으면 오븐 내의 온도를 200도로 유지하기가 힘들기 때문이다. 이렇게 구체적이고 기술적인 이야기들은 주방에서 매일 일하는 직원들과 상의를 하지 않으면 알 수가 없으며 결과적으로 음식의 품질을 체크하고 관리할 수 없게 된다. 한마디로 직원들을 어떻게 생각하고 어떻게 대하느냐에 따라서 음식의 질이 달라진다는 것이다. 대체로 주방직원의 감정 기복에 따라 음식 맛이 달라지고 홀 직원의 감정 기복에 따라 서비스가 달라진다. 그렇다고 직원들에게 주인의식을 가지고 주인처럼 일을 하라고 말할 수는 없다. 다만 성실하게 파트너로서의 기본을 지켜달라는 당부를 하고 그 부분을 체크하는 것이 최선이라고 생각한다. 나 또한 직원을 최대한 존중하고 파트너로서 지켜야 할 기본은 반드시 지킨다는 것을 항상 보여준다. 지금까지 20년이 넘도록 식당을 해올 수 있었던 것은 직원들의 힘이 절대적이었다는 생각을 한다. 그래서 직원들과 했던 약속은 반드시 지키는 편이다.

나는 주방직원을 채용할 때 경력이 화려한 직원보다는 초보자라도 성실하고 멀티플레이가 가능한 직원을 선호한다. 어차피 프랜차이즈 음식은 전문식당과 같은 숙련된 능력을 요구하는 것이 아니다. 성실하게 익히면 누구나 빠른 시간 안에 익숙해질 수 있다고 생각하기 때문에 경력이 많은 직원의 채용을 선호하지 않는다. 물론 경력에 따른 인건비 부담이라는 측면도 있었지만, 경력자의 경우에는 자신의 주관에 따라 일하려고 하기 때문에 팀워크에 융화되기가 쉽지 않다는 점이 우선적인 고려사항이다. 식당은 무수히 많은 변수가 발생한다. 직원 중에 누군가가 갑자기 아파서 못 나올 수도 있고, 집안에 경조사가 있어서 부득이하게 쉬어야 하는 상황이 일어날 수도 있다. 평소에 주방과 홀을 같이 경험해 본 직원들은 충분히 그 빈자리를 대체할 수 있다. 물론 아이템에 따라서 다를 수는 있지만, 프랜차이즈의 경우에는 주방 일도 누구나 쉽게 배울 수 있다. 지금의 '느티나무 칼국수 & 돈까스' 주방은 가끔 홀 직원이 조리를 한다. 그리고 매니저나 점장, 그리고 직원들에게는 매출에 대비해서 작은 인센티브를 제공한다. 내가 인센티브를 지급하는 것은 일에 대한 성과를 나눈다는 의미도 있지만, 파트너라는 인식을 갖기를 바란다는 의미도 포함되어 있다. 장사가 잘되어서 성과를 거두면 그만큼 나누어야 한다. 직원들은 작은 인센티브 하나에도 보람과 성취를 느낀다. 이런 과정을 통해 일에 대한 공감대가 형성되고 직원들은 주인의식도 가지게 된다. 직원들이 갖는 책임감은 한편으로 권한이 될 수도 있기 때문에 점주나 매니저가 자리를 비우는 상황에서도 그 빈자리를 채울 수 있게 된다. 결국 매니저와 점장은 가게에서 팀을 만들고 점주는 분위기를 만들어가는 것이 본연의 역할이라고 생각한다.

"식당은 누군가의 일터이다.

그러므로 식당은 그곳에서 일하는 사람들의 모습을 닮아간다."

손님들은 인사 한 마디와 직원들의 사소한 서비스로 매장의 이미지를 판단한다. 직원이 매장의 얼굴이라는 것이다. 홀 서빙을 하는 직원의 컨디션이 안 좋을 때는 내가 직접 홀 서빙을 한다. 그런 날은 그 직원이 평소와 똑같이 인사를 하더라도 목소리 톤의 차이가 있고 주문을 받을 때도 상냥함보다는 퉁명스러움이 앞선다. 이유의 대부분은 손님 때문이었다. 손님의 불만이 들려오면 내가 먼저 그 손님에게 다가가 사과를 하거나 배상을 한다. 나의 경험에 따르면 먼저 직원을 보호하고 대표나 책임자가 나서서 문제해결을 하는 것이 가장 빠르고 효과적이었다.

직원들은 나의 파트너이자 내부고객이다. 내부고객을 만족시키지 못하면 외부고객도 잡을 수 없다. 다른 것들과 마찬가지로 서비스도, 직원들이 느끼는 만족감도 쌓여야 한다. 단순하게 직원이 친절한 행동을 한 번 했다고 해서 갑자기 그 매장이 좋은 매장으로 바뀌지는 않는다. 하지만 시간이 흐르고 세월이 쌓이면서 우리 매장의 이미지가 손님들에게 차곡차곡 쌓인다. 만약 주방직원이 출입문 앞에서 담배를 피우고 있는 것을 손님이 본다면, 그 손님들은 우리

• 느티나무 돈가스 •

매장의 이미지를 어떻게 판단할까? 아마도 담배 피운 손으로 음식을 만든다고 상상을 할 것이다. 직원들은 우리 매장의 이미지다. 어떤 활기찬 모습을 보이고 어떻게 단합되어있느냐에 따라 매장의 이미지는 저절로 파악된다. 나는 직원들에게 얼굴을 찌푸리지 않기 위해 최선의 노력을 기울인다. 직원들과 손님들은 항상 내 얼굴을 보고 분위기를 파악하기 때문이다.

'느티나무'의 경우에는 오픈 시간에 맞춰서 돈가스와 돈가스 소스, 칼국수 육수와 비빔밥 재료까지 준비를 마쳐야 하기 때문에 오픈 전에 재료와 준비상태를 점검하는 것이 아주 중요하다. 이렇게 준비한 음식과 더불어서 우리 매장의 매뉴얼과 시스템은 서비스의 질로 평가될 것이고 이런 평가들이 재방문에 영향을 미친다고 생각해서 하루도 긴장을 늦추지 않는다.

수제 돈가스와 칼국수의 준비 과정은 도저히 혼자서 감당할 수 있는 일의 양이 아니기 때문에 처음부터 분업을 할 수밖에 없었다. 물론, 직원들과 나의 포지션은 정해져 있지만 항상 서로 협업할 수 있는 마인드가 중요하다. 매장이 바쁠 때에도 자신의 일에만 집중하는 직원은 작은 식당보다는 분업체계가 잘 이루어져 있어서 각자 자기의 역할만 하면 되는 프랜차이즈 식당이 어울린다. 소규모 식당에서는 바쁠 때 직원들이 서로 돕는 배려와 멀티플레이어가 되겠다는 생각이 없으면 운영이 어렵다. 단 점주도 직원들의 노고에 상응하는 보상 시스템을 마련해야 할 뿐만 아니라, 파트너로서의 신뢰와 믿음도 같이 줄 수 있어야 한다. 직원들이 만들어내는 매장의 분위기는 중요하다. 분위기가 좋은 매장은 직원들의 목소리가 상냥하고 표정이 밝고 좋다. 손님들은 매장에 들어서면서 직관적으로 이런 분위기를 감지한다. 직원이 한 명이든 두 명이든 직원은 모두 매장의 내부고객이다. 직원들을 만족시키지 못하면 손님들 또한 만족하기 힘들 뿐만 아니라, 매장에서의 교육도 제대로 이루어지기 힘들다. 레시피에 나와 있는 대로 정확하게 움직여야 제대로 된 음식이 나온다. 장사는 많이 파는 것도 중요하지만 제대로 팔아야 한다.

"시스템이 '나만의 시간' 을 만들어 주었다."

홀을 담당하는 직원의 말투와 표정에 따라 매장의 이미지가 결정되기 때문에 직원의 서비스 마인드는 무엇보다 중요하다. 아르바이트라고 하더라도 직원을 선발하는 과정을 중요하게 생각하는 이유는 서비스 마인드가 갖추어진 사람은 단시간의 교육만으로도 기존의 직원들과 잘 어울리고 고객응대도 잘 하는 반면, 서비스 마인드가 부족한 사람은 지속적인 교육에도 손님들과의 마찰을 일으키는 일이 잦기 때문이다. 서비스 교육이 어렵게 느껴지는 이유인데 교육으로도 일관된 효과를 거두는 것이 쉽지 않다. 그렇다고 해서 직원 교육을 포기하라는 것은 아니다.

매장에서 일어나는 여러 가지 상황에 잘 대처하는 직원을 선발하기 위해 나는 바쁘더라도 반드시 면접을 본다. '느티나무'의 일관된 맛과 서비스는 시스템과 교육의 힘이라고 생각하기 때문이다. 이 시스템과 교육이 '나만의 시간'을 만들어주었다. 우리 매장은 브레이크 타임이 따로 없다. 브레이크 타임에 재료 준비를 해야 하기 때문에 여섯 시간씩 2교대 근무를 한다. 오후에 출근하는 주방직원은 다음날 사용할 채소를 손질하고 칼국수 반죽을 해 둬야 한다. 낮시간에 비해 저녁 시간은 비교적 한가하기 때문에 힘이 부치는 정도는 아니다. '느티나무'가 4년이 되어가는 지금은 매장 시스템이 어느 정도 안정기에 접어들었고, 직원들도 자신이 맡은 업무에서는 프로가 되었다. 오전 10시에 출근해서 오후 4시까지 수제 돈가스를 만드는 이모는 아침에는 돈가스를 만들고 손님이 몰리는 점심시간에는 홀에서 테이블 정리나 설거지까지 돕기도 한다. 점심시간 두 시간은 하루 중에서 가장 바쁜 시간이기 때문에 모두가 에너지를 집중해서 멀티플레이어처럼 일을 하는 것이다.

점심시간이 끝나고 손님이 한꺼번에 몰리지는 않는 오후 3시부터 6시까지는 나만의 시간이다. 나는 운동과 공부에 집중한다. 그 시간 동안 자기계발과 운동에 집중하는 것이 미래를 위한 선택이라고 생각했기 때문이다. 나는 식당을 운영하면서 오후 시간을 활용해서 외식관련 공부를 했고 대학원도 다녔다. 여섯 시간씩 2교대 근무와 주방과 홀 직원들의 업무에 대한 이해가 없었다면 결코 쉽지 않은 일이었을 것이다. 내가 만든 '느티나무'의 시스템과 교육이 지속가능한 미래를 구상할 수 있는 '나만의 시간'을 만들어준 셈이다.

"세상은 '리얼타임'으로 변화하고 있다. 그래서 쉬는 시간이 필요하다."

외식업을 지속하기 위해서는 건강이 무엇보다 중요하다. 몸이 지치면 자연스럽게 생활도 활력을 잃게 된다. 내가 활력이 넘치면 직원들을 밝은 모습으로 대하고 유머를 잃지 않을 수 있으며 손님들도 웃는 모습으로 맞을 수 있다. 그렇게 하기 위해서는 내가 선택한 방법은 활용할 수 있는 시간의 효율성을 높이기 위해 잠시 쉬어가는 것이다.

'느티나무' 식당은 점심시간의 매출 비중이 높다. 그래서 점심시간인 12시에서 2시, 그리고 저녁시간인 오후 7시부터 9시 사이에는 식당 업무에 집중할 수밖에 없다. 그 피크타임 사이의 시간을 그냥 보내기 보다는 책을 보고 운동을 하면서 식당의 일에서 잠시 벗어나는 것이다. 식당을 운영하는 사람들은 온종일 가게에 매어 있어야 하고 자리를 비우지 않아야 한다는 고정관념을 갖는 경우가 많다. 나 또한 오랫동안 그렇게 생각했다. 하지만 지금은 세상이 '리얼타임realtime'으로 변화하고 있으며 수많은 정보와 콘텐츠가 생산되는 시대이기 때문에 자기계발에 힘을 쏟을 필요가 있다는 것을 느꼈다. 점점 더 진화하고 세분화되는 외식사업도 시간을 제대로 활용하지 못해서 스마트한 사고를 할 수 없으면 남들보다 뒤처지게 되는 것이 현실이다.

식당의 시스템과 교육은 앞으로는 더욱 디지털화될 것이라 예상한다. 주방기구의 발전과 자동 주문 발권기(키오스크)의 등장으로 인해서 주문과 계산은 간편화될 것이고, 주방에서의 조리시간도 단축될 것이다. 식당의 홍보 역시 아날로그 방식의 전단에서 SNS 홍보로 바

꿰었다. 공부할 시간이 없다는 자신의 처지를 탓할 것이 아니라, 시간을 만들어서라도 공부하지 않으면 도태되는 것이 현실이다. 주위 사람들은 내가 식당과 편의점을 운영하고, 학교에서 강의까지 하는 모습을 보고 어떻게 여러 가지 일을 할 수 있냐고 물어본다. 비결은 간단하다. 시스템이 없었다면 상상도 못할 일이었다는 것이다.

사업계획서,
사업계획서 내용의 확인과 검증은 발로 뛰면서

식당 창업을 생각한다면 반드시 사업계획서를 작성해야 한다. 오픈 하기 전에 사업계획서를 면밀하게 검토해서 사업성이 충분한지를 꼼꼼히 살펴보고 리스크를 최대한 줄여야 한다. 사업계획서는 메뉴에 대한 SWOT 분석은 물론이고 모든 내용을 최대한 자세하게 기록해야 한다. 가장 중요한 것은 원가 분석과 순이익 분석이다. 매장을 지속하기 위해서는 고객을 만족시키는 것은 물론 수익성도 보장되어야 한다. 어느 한쪽으로 치우치면 실패로 끝나기 쉽다. 준비를 많이 하면 할수록 리스크는 줄어든다. 얼마나 디테일하게 준비하느냐에 따라 승패가 갈린다는 말이다. 아이템과 입지, 서비스와 마케팅의 모든 과정이 '설계도'다. 좋은 설계도를 가진 가게는 백년을 갈 수도 있지만, 허술한 설계도로는 1년도 유지할 수가 없다. 자신의 장점은 극대화하고 약점은 보완해서 기회로 삼아야 하는데 자신의 장단점을 모르고 출발한다면 리스크가 극대화될 수 있다.

• 느티나무 돈가스 •

"가격은 눈에 보이지 않는 손님과의 합의점이다. 원가분석을 철저히 하라."

원가 분석은 메뉴에 들어가는 모든 재료의 가격을 적는다. 원가를 35% 정도로 구성해서 가격을 책정하는 것이 일반적인데 예상 인건비 25%와 임대료 10%를 미리 계산한다면 35% 정도가 적당하다. 여기에 각종 공과금과 카드수수료까지도 예상해야 한다.

음식 가격은 눈에 보이지 않는 손님과의 합의점이다. 손님들이 납득할 수 있을 정도의 가격을 제시해야 하기 때문에 가격을 결정하는 것은 신중해야 한다. 손님과 업주가 동시에 만족하기 위해서는 가격에 욕심을 부려서는 안 된다. 가격이 결정되면 손익 분기점을 파악할 수 있고 예상 매출액과 예상 순이익을 가늠할 수 있는데, 이 과정에서 아이템의 타당성 여부가 결정된다. 사업계획서에는 투자비용에 대해서도 상세하게 기록해야 하는데 여기에는 숟가락과 젓가락을 구매하는 것부터 인테리어 비용까지 빠짐없이 모두 적어서 총투자비용을 산출해내야 한다.

프랜차이즈 창업이든 독립창업이든 나에겐 한 가지 분명한 원칙이 있다. '총투자금액을 18개월 안에 회수할 수 있을까?' 라는 문제를 스스로 자문해보고 여기서 'YES' 라는 답이 나오면 바로 실행에 옮긴다. 하지만 그렇지 않을 때는 좀 더 심사숙고를 하거나 다른 아이템을 선정해야 한다.

'느티나무 칼국수 & 돈까스'를 시작할 때 SWOT 분석을 해 보았다. 먼저 나의 강점Strength은 돈가스와 칼국수를 수제로 만든다는 것과 칼국수 또는 돈가스를 주문하면 약고추장 비빔밥이 무료로 제공된다는 점이었다. 약점Weakness은 프랜차이즈가 아닌 독립창업이었기 때문에 브랜드 인지도가 떨어지고 홍보만으로 쉽게 극복하기 어려운 D급의 상권입지였다. 기회Opportunity는 수제 돈가스와 무한 리필 비빔밥이 8500원, 수제 칼국수와 무한 리필 비빔밥을 6500원에 제공했는데 양질의 식사를 저렴한 가격에 제공하기 때문에 손님들이 만족할 것이고, 그렇게 손님들이 늘어나서 목표 매출액을 달성하게 되면 직영점 확장이나 프랜차이즈로 발전할 수 있다는 것이었다. 위협Threat은 매장에서 50m 떨어진 도로변에 반찬이 10가지 이상 제공되는 세미 한정식가게와 저가의 경양식집, 그리고 '소문난' 짬뽕집이 있다는 것이었다.

"백 년 가게를 꿈꾸는 식당도 사업계획서는 SWOT 분석부터 시작해야"

SWOT 분석을 통해 아이템이 시장성과 수익성이 있는지, 기술성과 안정성이 있는지를 점검해볼 필요가 있다. 프랜차이즈 창업을 할 때는 브랜드 인지도와 가격, 인테리어가 정해져 있어 수익성 분석과 투자금액 회수라는 부분에만 집중하면 되지만, 독립창업은 처음부터 끝까지 하나하나 짚고 넘어가야 했다. 나는 아무래도 상권 입지에 약점이 많아서 적극적인 블로그 마케팅이 필요하다는 판단을 내렸다.

사업계획서를 작성하는 것은 그림 그리는 일과 같다. 스케치부터 물감을 입히는 과정까지 최고의 작품을 위해서는 몰입의 시간이 필요하다. 얼마나 꼼꼼하게 사업계획서를 적고, 타당성 분석을 하느냐에 따라 사업의 승패가 달려 있다. 사업계획서에서 가장 중요한 첫 번째 단추라고 할 수 있는 아이템의 타당성은 냉철하게 판단해야 할 문제이다. 객관적으로 검증된 사실을 토대로 자신의 인내심과 성향까지도 철저하게 분석해야 한다. 나는 사업계획서에 손님이 우리 매장에 꼭 와야라는 다섯 가지 이유까지도 적어보았다. 첫 번째는

정성을 다해서 직접 음식을 만들었고 맛있다. 두 번째는 매장이 깨끗하다. 세 번째는 유머가 있어 재밌다. 네 번째는 맛있는 비빔밥이 무료다. 다섯 번째는 포인트를 적립해준다. 이러한 다섯 가지 이유는 나의 강점이고 차별화 포인트였기 때문에 최대한 부각해야 했다.

이렇게 작성한 사업계획서를 바탕으로 목표 매출액을 최대한으로 가정해 보았다. 테이블은 4인 기준 10개로 40석, 점심시간에 10개 테이블이 2회전, 저녁 시간에 1회전을 기준으로 했다. 객 단가는 8,000원을 기준으로 하고, 매주 일요일은 휴무로 가정해서 한 달 영업 일수는 26일로 해서 계산을 해보니 목표 월 매출액은 2,500만 원이었고, 예상 월 매출액은 목표 매출액의 80%인 2,000만 원이었다. 여기서 재료비 700만 원, 인건비 500만 원, 임대료 100만 원, 공과금 100만 원, 기타 100만 원으로 계산하면 월 순수익은 500만 원 정도였다. 순수익에서 본인의 노동시간이 10시간이라면 이것도 인건비에 포함해야 한다.

총투자 비용은 인테리어와 간판, 집기 모두 2,000만 원으로 설정했다. 예상 매출액을 기준으로 생각해보면, 월 순수익 500만 원 곱하기 4개월이면 투자비용을 회수할 수 있다고 계산했다. 2,000천만 원을 투자해서 이렇게 결과가 나와 준다면 나쁘지 않다고 생각했다. 프랜차이즈 창업에 비해 투자금은 10분의 1밖에 들지 않았지만 브랜드 인지도 면에서는 떨어지고 손님들에게도 생소했기 때문에 3

개월은 SNS 홍보를 열심히 해야겠다고 생각했다.

"백 년을 가는 식당의 첫 걸음은 신뢰여야 한다."

'느티나무 칼국수 & 돈까스'는 옛날 20년 전 이조식당을 하던 자리였기 때문에 개인적인 의미는 물론 많은 추억이 담겨 있다. 아내와 그렇게 고생했던 자리에 새롭게 집을 지어서 식당을 만들겠다는 계획은 프랜차이즈 식당을 하면서도 늘 꿈꿔 왔던 일이다. 사업계획서를 작성하고 '느티나무'를 오픈했는데 처음 3개월 동안은 기대했던 매출액을 달성하지 못했다. 상권입지를 따져보면 당연한 결과였다. 조바심을 내지는 않았다. 손님 한 분 한 분께 최선을 다하자는 생각이었다. 처음부터 손님이 너무 많으면 직원들이 우왕좌왕해서 좋은 이미지를 심을 수 없기 때문에 차라리 차근차근 고객이 늘어나는 것이 더 낫다고 생각했다. 내 생각은 틀리지 않았다. 손님들의 재방문이 늘어나고 있었다. 단골손님들께 꾸준하게 포인트를 적립하고 SNS 홍보에 집중했더니 시간이 지나면서 예상 매출액을 달성하기 시작했다. '느티나무'의 경쟁력은 아무래도 셀프 비빔밥인 것 같았다. 소고기를 갈아서 만든 약고추장에 세 가지 나물과 김 가루를 넣어 비벼 먹는 비빔밥에 손님들은 후한 점수를 주셨다. 매일 반죽하고 육수를 끓이는 칼국수와 매일 두드리고 20여 가지 재료를 넣어 정성껏 끓인 소스와 돈가스에 대해서도 손님들은 건강하고 특별한 맛이라고 칭찬해 주셨다.

• 느티나무 돈가스 •

모든 것에 감사했다. 이렇게 외진 곳까지 찾아와 주시는 손님들께 감사했고, 힘들어도 묵묵히 웃으며 일 해주는 직원들에게도 감사했다. 수많은 가게를 열면서 사업 타당성 분석과 상권도 중요하고 수익성 분석도 중요하지만 손님과의 신뢰! 직원들과의 신뢰!가 가장 중요한 요소였다. 모든 것이 다 훌륭하고 아무리 좋은 아이템이 있어도 고객과의 신뢰가 없고 직원들과의 신뢰가 없으면 모든 것이 무용지물이라는 것을 새삼 깨달았다. 의리와 신뢰는 가족부터 시작해서 모든 인간관계에 필수적인 요소임에도 불구하고 가끔은 잊어버린다. 어떤 장사를 하더라도 이 점은 항상 명심해야 한다. 음식 또한 진정성을 잃지 않고, 원칙을 지켜나간다면 분명히 백 년 가는 식당이 될 것이다. 우리 '느티나무 칼국수 & 돈까스'도 마찬가지일 것이다.

23년 식당 경영이
나에게 알려준 것들

발로 뛰는 만큼 알게 되고
알아야 돈을 번다

식당 창업은 확인과 검증을 거듭해야 한다. 아이템을 정하고 상권입지를 보러 다닐 때도 마찬가지다. 뛰어다니면서 확인하고 또 확인하다 보면 최고는 아니라고 하더라도 자신의 조건과 상황에 맞는 '최선의 자리'를 얻을 수는 있다. 나 역시 매장을 구하기 위해 정말 열심히 뛰어다닌 시절이 있었다. 당시에는 대구 시내의 웬만한 상권의 권리금이 얼마 정도인지를 파악하고 있을 정도였다. 처음 프랜차이즈 아이템을 선택할 때도 먼저 오픈해서 가게를 운영하고 있는 점주 분들을 일일이 찾아다니면서 묻고 또 물었다. 오늘의 내가 있을 수 있었던 것은 아마도 그렇게 발로 확인하고 습득했던 정보의 힘이라는 생각이 든다.

물론 인터넷을 통해서도 아주 많은 정보를 접할 수 있다. 하지만 인터넷에 있는 정보는 아무도 책임을 지지는 않기 때문에 직접 찾아가서 확인하고 검증하는 작업은 반드시 필요하다고 생각한다. 아무리 많은 정보가 있다 한들, 내가 움직여서 확인해 보지 않는 이상 그것은 정확한 정보가 아니다. 나는 프랜차이즈 매장을 구하기 위해 열심히 뛰어다녔고, 이미 오픈한 점주들의 조언을 열심히 들을 때에는 성과를 거두었던 반면에 자만심 때문에 확인 작업을 게을리 했을 때는 시행착오를 겪어야 했다. 당시에 1년 동안의 가게운영을 분석하고 아이템 리뉴얼 작업을 통해 어려움을 벗어났는데 이때 돌다리도 직접 두드려보고 건너야 한다는 값진 교훈을 얻게 되었다.

"잠깐 동안의 노력이나 반짝이는 아이디어로 성공할 수 있는 일은 없다."

아내와 같이 유명한 맛집을 벤치마킹하러 다닌 것도 헤아릴 수 없을 만큼 많다. 돌이켜보면 그 과정이 모두 나에게는 공부였다. 나는 그래서 적어도 식당을 창업하는 일만큼은 직접 몸으로 하는 작업이라고 생각하게 되었다. 그래서 나는 언제나 발로 뛰고 몸으로 배워 나간다는 생각으로 식당을 운영하고 있다. 식당은 가만히 앉아서 사람을 부리면서 할 수 있는 일이 아니다. 잠깐 동안의 준비과정이나 반짝이는 아이디어로 성공할 수 있는 일은 더더욱 아니다. 새로운 아이템을 기획할 때도 많은 곳을 다녔기 때문에 트렌드를 읽을 수 있었다. 정답은 아니라고 하더라도 머리로 생각해서 도출한 결론보다는 훨씬 생생하고 새로운 결론에 도달하는 경우가 대부분이었다. 아이템을 찾기 위해서 부산의 서면에서부터 서울의 홍대까지 돌아다니면서 직접 보고 들으면서 몸으로 익힌 공부는 결과적

• 느티나무 돈가스 •

으로 내 성장의 밑거름이 되었다. 그리고 그때 만난 사람들과 나중에 식당을 하면서 만났던 사람들이 나에게는 좋은 '스승'이었다.

식당을 시작하겠다고 생각을 하고 그릇을 사러 다닌 적이 있다. 제대로 알지도 못하면서 여기저기를 다니며 발품을 팔았다. 그때의 경험이 없었다면 나는 지금도 그 그릇이 왜 내가 만드는 음식에 적합한 그릇인지, 왜 그 그릇이 가격에 비해 실용적인 것인지, 그리고 그 그릇에 플레이팅을 했을 때 사람들이 왜 예쁘다고 말하는지를 알지 못했을 것이다. 무엇보다 식당에 필요한 집기들을 직접 사러 다니면서 좋은 물건을 양심적으로 판매하고 있는 분들과의 교류는 식당도 식당이지만 내 삶을 가치 있게 만들어 주었다.

나는 식당 창업에 대한 내공을 쌓는 일이 쉽지는 않지만 불가능하다고 생각하지도 않는다. 오늘부터 내가 사용하는 모든 식재료와 집기, 부자재 등이 어디에서 어떻게 어떤 가격으로 판매하는지를 알아보고 한 번씩만 체크하면 된다. 자신이 직접 한 발 더 움직여서 모은 정보가 '내공'이다. 그렇게 쌓인 내공은 언제나 수익으로 돌아왔다. 모든 문제의 정답이 현장에 있다는 말은 그래서 '정답'이다.

"아이템보다는 몸으로 배우고 발로 뛰어야 배울 수 있다."

'느티나무' 식당을 오픈하고 1년쯤 되었을 때 주방직원을 구할 일이 있었는데 40대 남자 직원을 구하게 되었다. 그 직원은 칼국수와 돈가스를 배워서 창업을 해보고 싶다고 했다. 생계형 창업이고 간절하다는 한마디에 채용했는데 그 직원의 성실함에 놀라지 않을 수 없었다. 자신이 생각한 아이템의 본보기 점포를 찾아 6개월 동안은 직접 주방에서 일을 하면서 그 점포의 모든 것을 경험하겠다는 것이 그 직원의 생각이었다. 나는 그런 열정이 마음에 들어서 그 직원에게 칼국수에 대해서 가르쳐 주고, 여러 가지 소스도 가르쳐 주었다. 그 직원은 그렇게 우리 매장에서 6개월 정도 일을 하고 본인의 매장을 오픈했다. 그 직원의 마인드는 누가 가르쳐서가 아니라 스스로 창업하겠다는 목적, 또는 일에 대한 열정을 가지고 있었기 때문에 가능했을 것이다. 몇 달 동안 커피 내리는 기술을 배운 다음에 카페를 열고 싶다는 무모한 창업자도 보았다. 아마도 그런 마인드로 창업을 한다면 분명히 실패할 확률이 높을 것이다. 창업에서 아이템의 중요성은 두말할 필요가 없다. 하지만 그 아이템에 대해서 몸으로 배우고 발품을 파는 노력이 없다면 아이템은 단지 아이템일 뿐이다. 식당을 창업하고자 한다면 학원에서 레시피를 배우기보다는 본인이 식당에 취업해서 설거지부터 배우고 화장실 청소도 해보고, 운영에 필요한 시스템이 어떤 것이 있는지 직접 체험하고 발로 뛰어야 한다. 그렇지 않으면 시행착오를 겪을 때마다 비용을 지불해야 하기 때문이다.

리뉴얼, 위기를 탈출하는 마지막 비상구

장사는 변수가 많기 때문에 항상 내일이 불안하다. 비수기도 있고 성수기도 있지만 기분에 흔들려서도 교만해서도 안 된다. 고요한 마음으로 오늘 하루에 충실한 것이 최선이다. 하지만 세상은 빠르게 변하고 사람들도 급해졌다. 인공지능이 인간의 고유한 영역이라고 생각했던 부분까지 침투하고 하루하루가 모습을 달리하는 세상에서 우리 역시 숨 가쁘게 살아간다. 급한 마음에 혹은 선택의 여지가 별로 없는 상황에서 대박을 꿈꾸면서 가게를 열지만 현실은 녹록치 않다. 외식업을 하면서 가장 안타까운 장면은 급한 마음에 쫓기듯 음식점을 차렸다가 몇 달도 버티지 못하고 폐업을 하면서 인테리어 비용과 권리금을 송두리째 날리는 경우이다. 가게를 오픈하기 전에 현실을 직시하고 창업 준비를 조금만 세심하게 했더라면, 시간이 날 때마다 벤치마킹을 하고 외식 공부를 해서 내 것으로 만드는 노력을 게을리하지 않았다면, 그런 최악의 상황은 피할 수도 있지 않았을까 생각해본다.

장사는 뚝심이 있어야 한다. 하지만 안 되는 가게에 미련을 가지기보다 새로운 돌파구를 찾는 것도 방법이다. 나는 3번의 리뉴얼 작업을 통해 영업이 부진한 가게를 정상화시켰고, 그것은 지금까지 장사를 지속할 수 있는 좋은 에너지가 되었다. 나는 누구보다 리뉴얼을 적극적으로 권하는 사람이다. 장사가 기대에 미치지 못해서 가게가 문을 닫으면 물론 개인에게도 큰 불행이다. 그리고 사회적으로도 큰 손실이 발생하는 일이어서 될 수 있으면 그냥 폐업을 생각하는 것보다는 뭐라도 시도해 봐야 한다고 생각한다. 무엇보다 '괜찮아지겠지.'라는 안일한 생각으로는 위기를 벗어날 수 없다. 때에 따라 과감한 리뉴얼은 정답이 될 수 있다. 장석주 시인의 「대추 한 알」이라는 시를 보면 '저게 저절로 붉어질 리는 없다. 저 안에 태풍 몇 개, 저 안에 천둥 몇 개, 저 안에 벼락 몇 개'라는 부분이 있는데 모든 일이 그만큼의 시련과 노력으로 이루어진다는 의미일 것이다. 하루아침에 저절로 이루어지는 것은 없다. 고생 끝에 낙이 온다는 말처럼 수많은 시행착오를 거치면서 자신들이 그 분야에서 더 단단해지고 더 성숙해지는 것이다.

"지금까지 식당을 하면서 세 번의 리뉴얼로 위기를 탈출했다."

첫 번째는 포 포차라는 아이템을 화덕에 구운 삼겹살로 바꾼 것이다. 2014년은 대구에서 한창 '포차' 아이템이 성행하고 있을 때였

• 느티나무 돈가스 •

포 포차를 리뉴얼한
화덕삼겹살

다. 가맹점 계약을 하고 인테리어에 많은 투자를 했다. 포차 분위기
를 만들기 위해서는 어느 정도 감수할 수밖에 없는 지출이었지만
본사에서 요구하는 비용이 만만치 않았다. 하지만 몇 번의 프랜차
이즈 사업을 잘 진행했기 때문에 자신감이 충만한 상태였다. 메뉴
가 많아서 암기해야 하는 조리법도 많았고, 재료 준비도 만만치 않
았지만 별문제가 아니라고 생각했다.

'느티나무 칼국수 & 돈까스'를
리뉴얼한 편의점

한 달이 지나고 나서 문제점이 드러났다. 분명히 손님은 많았는데, 순수익이 기대에 미치지 못했다. 처음 사업계획서를 만들 때에

・느티나무 돈까스・

는 마진율 30%를 확신했는데 결과는 달랐다. '박리다매'가 답이라는 생각으로 1년을 버텼지만, 매장은 위기였다. 새로운 결단이 필요했다. 문제해결을 위해 리뉴얼을 하자면 재투자가 필요한데 여유자금이 마땅치 않았다. 아이템을 바꾸기로 결정하고 새로운 아이템을 알아보는 일에 심혈을 기울였다. 일단 내가 제일 잘 할 수 있는 아이템은 삼겹살집이었기 때문에 화덕 삼겹살이라는 아이템을 주목했고, 인테리어 비용은 최소화할 수 있도록 본사와 협의를 했다. 새롭게 재단장했더니 손님도 많아졌고 매장은 곧 정상화되었다. 1년 후에는 권리금도 올라가게 되었고 매장을 인수하고 싶다는 매수자에게 매장을 양도할 수 있었다.

또 한 번은 '느티나무 칼국수&돈까스' 2호점을 편의점으로 재단장 한 사례다. '느티나무' 본점은 열악한 상권과 좁은 매장인데도 불구하고 손님이 찾아주셔서 붐비는 매장이다. 그래서 2호점은 좋은 상권에 매장을 알아봤는데 B급 정도의 상권에 해당하는 권리금을 지불하고 60평이나 되는 매장을 구해서 2호점을 오픈했다. 결과는 나의 예상을 빗나갔다. 20평밖에 되지 않는 본점의 매출과 60평이나 되는 2호점의 매출이 비슷비슷하게 나왔다. 2호점은 1년을 운영해 보았지만, 오픈할 때보다 크게 나아지지 않았다.

나는 이 상권과 입지에 가장 어울리는 아이템이 무엇인지 처음부터 다시 생각하기 시작했다. 비싼 임대료를 감당하면서 술집과 모텔들이 있고 앞쪽에는 대단지 아파트가 있어서 24시간 영업할 수 있는 아이템을 구상했다. 밤새도록 할 수 있는 감자탕과 갈비탕 같은 것을 먼저 생각해 보았지만, 운영 관리 면에서 쉽지 않을 것 같았다. 두 번째로 생각한 것이 편의점 사업이었다. 편의점은 한번도 해보지 않았던 새로운 사업이어서 어느 정도의 불안감은 있었다. 하지만, 식당에서 편의점으로 새롭게 리뉴얼을 해서 열었는데 결과는 아주 만족스러웠다.

또 한 번은 경북대학교 정문 앞에서 부대찌개 전문점을 오픈 한 적이 있었는데, 놀부 부대찌개나 박가네 부대찌개처럼 프랜차이즈 가맹점은 아니었다. 독립창업으로 하는 개인 브랜드였는데 6개월을 홍보했음에도 불구하고 매출이 나아지지 않았다. 맛에 대한 자신감으로 가게를 열었지만, 그 맛은 나의 주관적인 생각일 뿐이었다. 고민 끝에 부산에서 유행하고 있는 쌈닭이라는 브랜드의 프랜차이즈 가맹점으로 리뉴얼을 결심했다. 쌈닭은 깻잎과 상추 등에 오븐에 구운 닭고기를 쌈 싸 먹는 형태였는데, 사람들은 점심 한 끼 식사로도 좋아했고, 저녁에 호프 한 잔의 술안주로도 꽤 호응이 높았다. 물론 배달은 하지 않고 홀 매장에서만 판매하는 메뉴였다. 시간이 지날수록 경북대학교 학생들과 일반인들의 발길이 많아졌다. 재단장하는 데 들어간 비용이 5개월 만에 회수되었다.

느티나무 돈가스

세상이 아무리 바뀌어도 사람은 먹어야 산다

나의 어머니는 '먹는 장사는 싸고 맛있으면 무조건 성공한다.'고 하셨다. 그런데 식당을 하다 보면 싸고 맛있게 만드는 것이 결코 쉬운 일이 아니라는 것을 누구나 알게 된다. 음식을 맛있게 만들기 위해서는 재료에 투자를 해야 하는데 그러면 비용이 상승한다. 그렇다고 해서 좋지 않은 재료를 사용해서 싸게 만들면 비용은 줄어들지만 음식의 맛도 떨어진다. 맛있게 만들어서 싸게 팔면 수익을 내기 어려운 것이 현실이다. 사람들은 먹어야 살고 음식점은 수익을 내야지 살 수 있다. 그렇다면 고객도 만족하고 나도 행복해지는 방법은 무엇일까? 고객과 나의 가격 합의점을 찾고 가치 있는 음식점을 만들면 된다. 음식의 가치는 고객이 정한다. 내가 팔고 싶은 음식보다는 고객이 원하는 음식을 먼저 찾고 재방문하게 만들어야 한다. 국밥 한 그릇도 좋은 쌀로 정성껏 지은 밥과 국을 끓인다면 분명 성공할 것이다. 거기에 감성적인 스토리와 그 집만의 독특한 분위기나 문화가 있다면 금상첨화가 될 것이다.

"내가 조금 더 힘들면 손님들은 그만큼 더 맛있어하고 행복해한다."

경산에서 고깃집을 할 때 양은솥 밥을 판매했다. 전날 미리 불린 쌀을 양은솥에 한 움큼씩 담아서 즉석에서 가스 불에 짓다 보니 손님들 모두가 밥맛을 칭찬했다. 양은솥에 금방 지은 밥이 맛없을 리 없다. 밥을 덜어낸 솥에 물을 부어 만드는 누룽지에 대한 만족도도 상당했다. 손님들 대부분은 15분을 기다려야 했지만 공깃밥 대신 같은 가격의 양은솥 밥을 주문했다. 원가는 공깃밥과 비슷했지만 손님들이 느끼는 가치는 공깃밥에 비할 수 있는 것이 아니었다. 양은솥 밥이 주방에서는 귀찮을 수 있지만 손님들이 느끼는 만족감은 그 이상이었다고 생각한다. 그것은 재방문율이 증명해 주었다. 세상이 아무리 변해도 사람은 먹어야 산다면 음식의 가치를 높여서 손님들에게 제공해야 한다. 수익창출을 위해 반드시 기억해야 할 사실은 손님들이 지불한 값에 어울리는 음식의 가치를 제공하는 것이 식당의 책

손님들이 지불한 값에 어울리는 음식을 제공하는 것은 식당의 책임이자 의무이다.

• 느티나무 돈가스 •

임이자 의무라는 것이다. 음식의 가치가 있느냐 없느냐에 따라 음식점의 승패가 결정된다. 그 가치는 일관된 맛으로 시작해서 직원들의 서비스, 가게의 분위기, 화장실 팻말 하나, 테이블 매트와 그릇에 이르는 모든 것들이 조화를 이루면서 만들어진다. 친절한 말 한마디에도 음식의 가치는 높아진다. 손님들이 음식 사진을 찍고 가게 내부 사진을 찍어서 남기고 싶은 마음을 갖기 시작하면, 그 음식점은 분명히 성공할 수 있을 것이다.

단순히 음식을 많이 준다고 음식의 가치가 올라가는 것이 아니다. 음식이 맛있어도 직원들의 서비스가 엉망이면 손님들은 발길을 돌린다. '손님은 귀신이다.'라는 말처럼 조금이라도 음식의 재료가 바뀌면 손님은 금방 알아차린다. 한번은 20대 중반의 긴 생머리를 하신 여자 분이 식사를 마치고 나가시면서 계산대에 쪽지 한 장을 놓고 가셨다. 손님이 나간 뒤 쪽지를 보니 "정말 맛있게 잘 먹었습니다. 너무 감사한데 쑥스러워서 말을 못했어요."라고 적혀 있었다. 너무 기분이 좋고 감사해 저만치 가는 손님의 뒷모습을 한참 동안 바라본 적이 있다. 주방으로 들어가면서 손님들을 위해 음식에 더 많이 신경 쓰고 더 많이 배려해야겠다고 생각했다. 내가 조금 더 힘들면 손님들은 그만큼 더 맛있어하고 행복해한다.

"사람들은 집밥을 고향의 어머니처럼 그리워한다."

음식을 만드는 것은 정성이다. 정성이 통하면 사람들은 우리 가게를 계속 찾을 것이고, 정성이 통하지 않으면 나의 가게도 지속하기 힘들 것이다. 뭐든 내가 손님의 입장에서 생각하면 쉽게 결정할 수 있다.

식당은 이미지가 중요하다. 한때 유행하던 착한 식당의 이미지를 만들기 위해 우리는 메뉴판의 가격을 고치고 원산지를 더 크게 적고 푸짐한 음식 사진을 걸어 놓아 이미지에 신경 썼다. 내가 처음 식당을 했던 아이템은 집밥이었다. 그냥 집에서 먹는 그대로 몇 가지 반찬에 찌개를 팔았는데 근처 샐러리맨들은 집에서 먹는 밥이랑 똑같다고 하면서 자주 찾아오셨다. 아내는 나와 결혼 후 우리 어머니에게 손맛을 전수 받았기에 어머니가 하던 맛을 곧잘 따라했다. 그 당시 팔았던 음식을 생각해보면 전혀 꾸밈이 없었다. 김장 김치로 새콤한 김치찌개를 끓이고, 집에서 담근 된장으로 된장찌개를 끓였으니 한마디로 '촌스러운' 음식이었다. 반찬도 계란말이, 고등어구이, 콩나물무침 등 집에서 내가 먹는 그대로 팔았는데 손님들은 그것을 더 좋아했다. 아버지께서는 마른 김에 참기름을 발라 한 장 한 장 구워 밥을 싸 간장을 살짝 찍어 드셨는데, 마침 그 생각이 나서 김을 반찬으로 냈더니 손님들은 우리 식당에서 밥을 먹으면 엄마 생각이 난다고 웃으며 말한 기억이 난다. 이런 촌스러운 이미지가 손님들에게는 오히려 정성껏 음식을 내놓는 식당으로 알려지게 되었다. 고급스럽지도 않았고 멋지게 포장하지도 않았지만 주위 사무실에서 꽤 인기있는 식당으로 입소문이 났다. 관공서와

• 느티나무 돈가스 •

병원, 사무실 등 주로 직장인들이 많이 선호했고, 입소문으로 소개받은 곳도 많았다. 어찌 보면 내가 20년 동안 운영했던 외식 아이템 중에서 이런 집밥이야말로 어떤 불경기라도, 어떤 변수가 있어도 가장 흔들리지 않을 강력한 아이템일지도 모른다. 직장인들에게는 꼭 필요한 한 끼 음식이고, 세상이 바뀌어도 한국 사람들에게 밥은 꼭 먹어야 하는 음식이다. 지금 이 시대에도 사람들이 원하는 음식, 그리고 그 음식의 본질은 크게 변하지 않았을 것이다. 햄버거부터 시작해 온갖 먹거리가 탄생해도 밥은 절대 무시할 수가 없다. 한국 사람이라면 누구나 집밥을 고향 어머니처럼 항상 그리워하기 때문이다.

내 삶의 가치는 긍정

사람들은 퇴직 후에, 또는 직장을 구하지 못할 때 너도나도 쉽게 "나도 식당이나 한번 차려볼까?"라는 말을 한다. 아무런 준비 없이 퇴직금을 모두 투자하는가 하면, 몇 년 동안 어렵게 모은 돈 전부를 아무렇지도 않게 투자하는 모습도 봤다. 식당은 할 일이 없어서 시작하는 것이 아니라, 가장 어렵게 준비한 다음에 시작해야 한다. 세상에 만만한 것은 하나도 없다.

"내가 만든 음식에 대한 자부심이 있어야 한다,"

음식이든 사람이든 진정성이 있어야 한다. 내가 만든 음식이 부끄럽지 않기 위해서는 좋은 재료로 정성껏 만들어야 한다는 것은 누구나 알고 있지만, 꾸준히 실천하기가 어렵다. 점심시간에 손님들이 몰리면 주방에서는 정신이 없다. 일관된 맛을 제공하기 위해서는 본인이 자신 없는 메뉴는 과감히 없애는 것이 바람직하다.

2008년 10월 벌집 삼겹살을 시작하고 얼마 지나지 않은 2009년 2월 22일 점심시간이었다. 갑자기 손님 80명이 식당을 찾았다. 여느 날과 마찬가지로 11시에 문을 열고 홀 서빙을 하는 아주머니와 근무를 했는데, 그날은 아주머니께서 아이 학교에 볼일이 있어서 두 시간 늦게 출근하기로 되어 있었다. 하필이면 그날이 바로 영남대학교 졸업식이 있는 날이었다. 혼자서 점심 장사 준비를 하는 도중이었던 12시에 졸업식 손님이 갑자기 밀려든 것이었다. 경산에서 장사를 시작한 지 얼마 되지 않아 졸업식에 대한 정보가 전혀 없었다. "어서 오세요"라고 인사도 하기 전에 23개 테이블이 만석이 되었다. 잠시 멍하게 있다가 정신을 차리고 순간 어떻게 해야 하나 머리가 복잡해지기 시작했다.

"손님 여러분 잠시만 주목해 주십시오. 지금 제가 혼자 가게를 보고 있는데 손님이 너무 많아서 제대로 서빙 할 수가 없습니다. 저 혼자 숯불을 넣고 반찬을 세팅하고 고기를 세팅하는 시간이 최소한 1시간 넘게 걸릴 것 같습니다. 죄송합니다."

이렇게 얘기를 했더니, 몇몇 테이블의 손님은 그냥 나가고 몇몇 테이블 손님은 "우리가 도와 드릴 게 없습니까?"라면서 도와줄 기세였다. 셀프 반찬 코너를 가리키며 "일단 물과 반찬을 셀프로 가져가시면 제가 숯불과 고기는 가져다드리겠습니다."라고 말했더니 직접 양파와 파무침, 그리고 물을 날랐다. 나는 숯불을 넣고 고기를 세팅했다. 오래 기다리는 손님들에게 너무 죄송스러워서 냉장고에 음료수라도 좀 드시라고 하면서 이리 뛰고 저리 뛰었다. 얼마 후에 홀 서빙 아주머니가 출근했다. 안도의 한숨을 쉬면서 이마에 땀을 훔치는 순간 갑자기 나 자신이 부끄러워졌다. 식당의 오너라는 사람이 식당 앞에 있는 대학교의 졸업식이 언제인지도 몰랐고, 또 손님들에게 내어놓은 음식은 '정성스러운 음식'이 아니라 그냥 '손질 된 고기'를 서빙한 것처럼 느껴졌기 때문이다. 연신 죄송하다고 말하면서 테이블을 돌고 있는 나 자신이 너무 부끄러웠다. 손님들이 모두 나가고 난 후에 오늘 오신 손님들 중에서 다음에 다시 방문하고 싶은 사람이 있을까를 생각해보니 손님을 받은 것 자체가 잘못된 것이라는 생각이 들었다. 내가 손님을 만족하게 할 자신이 없으면 음식을 팔면 안 되는 것이었다. 그런데 손님이 일단 왔으니 매출을 올려야겠다는 생각만 앞섰다. 나는 음식에 대한 진정성을 생각하지 못했던 그날의 실수를 깊이 뉘우쳤다. 그날 이후 어떤 일이든 손님들께 최소한 부끄럽지는 않아야겠다고 다짐했다. 음식이든 서비스이든 내가 만든 음식과 식당에 대해 자부심을 느낄 수 있도록 우리 매장의 이미지 관리에 더 노력해야겠다는 다짐을 했다.

"장사는 사람으로 시작해서 사람으로 끝난다."

늘 잔칫집 분위기의 식당을 만들고 싶었다. 내가 어렸을 적 잔칫집은 이랬다. 초가집 평상에 손님들이 등을 맞대고 옹기종기 앉아 국수를 후루룩 먹는다. 마당에서는 가마솥에 밥을 짓고 아궁이에서

• 느티나무 돈가스 •

나오는 연기는 온 동네를 휘감는다. 한쪽에서는 손님들이 순서가 바뀌었다고 말다툼을 하고 있고, 몇몇 할머니들은 정신없이 파전을 굽고, 돼지고기를 삶는 모습을 연상하면서 나중에 넓은 마당이 있고 느티나무 그늘에 평상이 있는 식당을 만들어서 이런 모습을 연출해 보고 싶다.

식당을 하면서 항상 느끼는 것은 내가 어떤 파트너를 만나느냐에 따라 손님에게 인정받을 수도 있고, 외면당할 수도 있다는 사실이다. 20년이 넘도록 내가 음식 장사를 할 수 있었던 이유또한 나의 고마운 단골손님들과 나와 같이 일했던 파트너들 덕분이다. 그 사람들이 없었다면 내가 지금까지 이렇게 음식점을 운영하지 못했을 것이다. 음식을 만드는 사람도 음식을 먹는 사람도 다 같은 사람이다. 즉 장사는 사람으로 시작해서 사람으로 끝난다. 사람 관계에서 내 이익만 추구했다면 절대로 장사를 오래할 수 없었을 것이다. 직원들과 힘들고 어려워도 정을 나누고 같이 밥을 먹고 같이 고민했기에 나는 여러 가지 아이템의 식당들을 10번이나 창업할 수 있었다. 그리고 오픈할 때마다 찾아와 주신 단골손님들이 있었기에 내 매장은 큰 탈 없이 지금까지 지속할 수 있었다고 생각한다.

"열 번을 잘하고 한 번을 잘못해서 실패하는 것이 서비스다."

돌아가신 아버지께서는 "사람을 이길 생각을 하지 말고 져주라"는 말씀을 하셨다. 져주면 모두 편안해지고 논쟁도 일어나지 않는다는 것이었다. 상대를 설득도 하지 말고, 강요도 말라는 말씀을 지금까지도 마음에 새기고 있다. 직원들에게도 손님이 음식을 많이 남기면 돈을 받지 말고, 손님이 싱겁다거나 짜다고 하면 무조건 죄송하다고 말하고 다음에는 신경 써서 만들어 드리겠다고 말하도록 당부했다. 이렇게 하는 이유는 직원들이 손님을 이기기 위해 논쟁을 하다 보면 오히려 직원들이 상처받고, 또 그 손님으로 인해서 다른 손님들의 상차림과 음식이 늦어지면서 전체 서비스가 엉망이 되기 때문이다. 서비스는 열 번을 잘하다가도 한 번만 잘못하면 실패라는 말이 있다. 손님에 대한 배려심과 이해심이 동반되어야 진정한 서비스라고 할 수 있다. 바꾸어 얘기하면 내가 직원들을 대할 때 배려심과 이해심이 떨어지면 직원들도 손님에게 당연히 서비스 실패로 이어질 것이다. 이만큼 내부 마케팅이라는 것이 중요하고, 매

열 번을 잘 하고 한 번을
잘못해서 실패하는 것이
서비스다.

출에도 많은 영향을 미친다는 것을 나는 지난 20년 동안 경험을 통해서 알 수 있었다. 주방에서 일하는 직원도 똑같은 레시피를 주어도 만드는 사람에 따라 맛이 달라지고, 홀에서 일하는 직원에 따라 손님들 기분도 달라진다. 식당 운영을 종합예술이라는 관점에서 보면 팀워크가 하나의 매장을 완성한다는 것이다.

"얼마나 열심히 하느냐가 행복의 답이다."

내 자신감의 원천은 긍정적인 생각을 반복하고 많이 웃는 것이다. 나는 내 자신이 남들보다 부족한 사람이라는 것을 알고 있었기 때문에 배움의 끈을 놓지 않고 시간이 날 때마다 무엇이든 배우려고 했다. 그래서 나는 누구든 긍정적인 몰입을 통해서 도전한다면, 자신이 원하는 일 하나 정도는 성취할 수 있다고 생각한다. 내가 머릿속에 떠오른 생각을 곧바로 실행으로 옮기고 싶어 하는 것이나 평소에 긍정적인 태도를 갖기 위해 노력하고 많이 웃는 것도 이와 무관하지 않다. 미리 안 된다고 생각하기보다는 일단 부딪히고 몸으로 체험하는 것이 아무것도 하지 않는 것보다는 분명히 옳은 일이다. 한마디로 아무것도 하지 않고 성취할 수 있는 목표나 행복은 없다는 것이다. 스포츠든, 공부든 사업이든 어느 정도 실력을 쌓아야 재미도 있고 행복감도 느낄 수 있다. 이를 위해서는 자신감이 필요하다. 결과적으로 항상 얼마나 열심히 하느냐가 행복의 답이라고 생각한다.

실전 식당 창업의 ABC
"느티나무 칼국수 & 돈까스 황금점" 준비과정

24년 외식 창업을 통해서 바라본
'나만의 창업 SWOT'

　오늘 동네를 한 바퀴 돌아보니 코로나로 인한 자영업자들의 상황
이 위기를 지나서 이제는 생존의 위협을 느끼는 지경에 와 있는 듯
하다. 저마다 살아남겠다는 '존버정신'으로 하루하루 살아가지만 상
가임대 현수막을 보고 있으니 생계형 소상공인들의 한숨소리가 오
늘따라 더 크게 들리는 것 같다. 요즘 같으면 솔직히 누가 식당 창
업을 한다고 하면 도시락을 싸들고 다니면서 말리고 싶은 마음이
다. 하지만, 그럼에도 불구하고 반드시 창업을 해야겠다는 사람들은
내가 만든 '나만의 SWOT'가 도움이 되었으면 하는 바람이다.

　경영학의 SWOT 분석은 어느 분야에서나 많이 사용되는 마케팅
전략이다. SWOT는 한마디로 자신의 약점을 보완하고 자신의 장점
을 극대함으로써 기회를 만들고 이를 통해 위협을 돌파할 수 있다
는 전략이다. 하지만 내가 말하는 '나만의 SWOT'는 경영전략이 아
니다. 이것은 24년 전 평범한 직장인에서 2020년 오늘 '느티나무

칼국수 & 돈까스'의 사장이 되기까지 무수한 변화와 시행착오를 겪으면서 만든 경험과 반성의 결과물이다. 그래서 예비창업자들이 내가 겪은 시행착오를 조금이나마 줄였으면 해서 생각을 조금 가다듬어서 정리해본 것이다.

Small : 작은 일부터 시작하라.

작은 습관이 하나하나 쌓이다보면, 그렇게 쌓인 습관이 자신의 콘텐츠가 되고 나중에는 자신을 지키는 최후의 무기가 될 수 있다. 작은 일부터 시작하고 작은 돈을 모아서 작은 창업부터 도전해 보라는 것이다. 밑바닥에서 몸으로 배운 좋은 습관들이 어느 정도 쌓이고 자신감이 생기면 그때는 뭐라도 도전해 볼 수 있을 것이다. 작은 규모의 창업은 사실 리스크도 줄어든다. 대출받아서 하는 2억 원짜리 창업도 좋지만 일단은 자기 자본 2,000만 원짜리 가게부터 시작해서 바닥을 튼튼하게 다지고 자신의 기술력을 단련시키는 것이 중요하다. 그 밑바닥에서 쌓은 힘은 나중에 반드시 어떤 변수에도 흔들리지 않는 자신의 뿌리가 되어 있을 것이다.

With : 뭐든 함께하라.

독단적인 판단은 위험할 수 있다. 가족, 친구, 전문가 누구라도 좋다. 어떤 결정을 내릴 때는 반드시 다른 사람의 의견에 집중하는 시간을 가질 필요가 있다. 창업과 관련해서는 혼자 상상하고 결정하기보다는 스스로 검증되었다고 생각하는 사실을 주위에 있는 사람들과 함께 의논하고 공유하면 시행착오를 줄이는 하나의 방법이 될 것이다. 여러 사람의 조언과 직간접적인 조력, 그리고 나의 노력이 합쳐지면 훨씬 좋은 에너지가 만들어진다. 주위에 좋은 동반자가 많으면 성공확률도 그만큼 높아질 것이다.

Owner mind : 절실함이 없는 오너는 성공할 수 없다.

장사에 반드시 필요한 덕목인 인내와 열정과 끈기는 마음가짐에서 출발한다. 절실한 오너는 어떠한 상황에도 흔들리지 않는다. 자신의 목표와 의지가 뚜렷한 만큼 결코 포기하지 않기 때문이다. 장사는 인내하고 끊임없이 노력할 수 있는 열정을 필요로 한다. 나는 절박한 오너 마인드보다 더 확실한 열정의 근원을 알지 못한다. 그리고 절박한 창업을 성공으로 이끄는 가장 결정적인 요소는 사소해 보이지만 지나치기 쉬운 어떤 일들을 누가 하느냐에 달려있다고 해도 과언이 아니다. 절실하면 내가 해야 할 일과 고객이 필요로 하는 것들이 눈에 들어온다. 이 절실함은 직원들을 오너와 함께 움직이도록 만들고 나중에는 고객의 마음까지도 움직이고야 만다.

Training : 한 번에 되는 일은 없다.

어떤 일이든 연구와 훈련이 필요하다. 나는 모든 일이 반복과 연습이라 생각한다. 자신이 경험해보지 못한 일은 처음에는 누구나 두렵고 어설프지만 반복적인 훈련을 거치다 보면 아주 어려운 일도 어느 정도는 잘할 수 있게 되고 자신감도 생긴다. 중요한 것은 내가 어떤 경험을 해보았고 어떤 훈련을 해보았느냐는 것이다. 어떤 경험이든 경험을 해본 사람은 그 경험이 자산이 될 수 있다는 것을 알고 있다. 의미가 없는 일은 없다. 끊임없이 도전하고 부딪혀 보는 것이 내가 진정 변할 수 있는 길이다. 내가 변하지 않으면 세상도 변하지 않는다.

이상의 4가지 요소는 식당 창업을 하려는 사람들이 가져야 하는 최소한의 마음가짐이자 자세가 아닐까라는 생각을 한다. 나는 지금부터 다시 시작할 수도 있다고 생각하는 사람이다. 왜냐하면 처음부터 이런 마음가짐과 자세로 다시 시작하면 언젠가 지금의 내가 서 있는 곳에 도달하게 된다는 사실을 알고 있기 때문이다. 일단 시작하면 어쨌거나 다음 단계로 가는 실마리가 보이고 결국 내가 원하는 곳으로 가게 된다는 것을 경험으로 알고 있기 때문이다.

이 동네의 '니즈'와 '원츠'는 무엇일까?

아파트 뒷골목을 산책하던 중에 임대를 하려고 내놓은 상가 점포가 눈에 띄었다. 걸음을 멈추고 사진을 찍어본다. 다시 한번 도전하고 싶다는 '끼'가 발동되는 순간이다. 카페가 있던 자리였는데 장사가 신통치 않아서 폐업을 한 상태였다.

근처에 있던 '관심'이라는 카페도 얼마 전에 문을 닫았는데 대구에서 개인 브랜드 카페로 자리 잡는 일이 생각처럼 쉽지 않은 일이라는 것을 새삼 느꼈다. 대구지역에서는 소비자들이 '스타벅스'를 비롯해 '투썸 플레이스', '파스쿠찌' 같은 유명 브랜드 카페를 선호하는 경향이 뚜렷한데, 이로 인해 개인 브랜드 카페와 유명 브랜드 카페의 격차가 점점 벌어지는 양극화 현상이 나타나고 있다.

나는 이 상가에 어떤 가게가 어울릴까를 생각하면서 아파트의 뒷길을 천천히 걸어본다. 5,000세대 규모 아파트의 배후에 위치한 이곳 상가 주변으로 고봉민 김밥과 김밥천국, 휴대폰매장과 이데아커

피, 그리고 세미 한정식을 파는 '땡구식당'이 자리 잡고 있는데, 그 옆으로 중화반점과 채소가게도 보인다. 초등학교 뒷길이라 몇 개의 학원과 미용실도 띄엄띄엄 자리 잡고 있다.

저 자리에 '느티나무 칼국수&돈까스 2호점은 어떨까?'라고 생각해 본다. 머릿속에서는 이미 점포에 들어갈 테이블의 개수와 45박스 냉장고와 간텍기, 튀김기, 천장형 냉난방기, 식기세척기가 놓일 자리 등을 어림짐작으로 그려보고 있었다. 외부 장식은 카페를 했던 자리여서 페인트칠을 한 후에 새로운 가게 간판과 함께 익스테리어 포인트만으로도 충분할 것 같다.

• 느티나무 돈가스 •

임대차 계약,
경기가 어려울수록 최소비용과 최소인원으로

    오늘 황금동의 아파트 뒷길을 산책하다가 발견한 상가점포의 계약을 했다. 권리금은 없고 보증금은 2,000만 원, 월세는 100만원이다. 건물주 분이 코로나로 부담이 될 테니 월세는 두 달 후부터 내라고 하셨다.(착한 건물주!!) 카페 자리여서 시설은 손볼 곳이 거의 없다. 본점과 마찬가지로 투자는 최소 비용으로 하고, 준비기간은 열흘로 계획했다. 개인적으로 보증금은 계약기간 동안의 보관비용이기 때문에 투자 자금에 포함시키

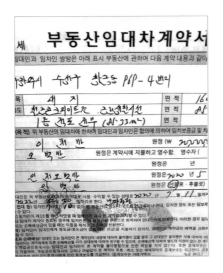

지 않는다.

상권 입지는 5,000세대 아파트의 전면상권이 아니고 뒷길에 위치해 있다. 하지만, 상대적으로 월세가 저렴함에도 상가가 깔끔해서 초기 투자비용이 적게 든다는 장점이 있다. 일반적으로 창업 아이템과 상권 입지에 대한 선택의 폭은 투자금에 비례해서 결정된다. 투자금이 많으면 아이템의 선택이 다양해질 뿐만 아니라, 상권 입지도 A급을 선택할 수 있다. 하지만, 리스크는 상대적으로 커질 수밖에 없다.

※ Tip. 식당 창업을 위해서는 상가임대차계약을 진행하기 전에 구청 위생과에 계약하려는 건물이 일반음식점으로 허가를 받는데 문제가 없는지를 반드시 확인해야 한다. 그리고 비어 있는 상가라면 폐업신고는 되어 있는지, 영업을 하고 있는 상태라면 영업승계가 가능한지에 대해서도 확인할 필요가 있다. 영업허가를 받기 위해서는 위생교육 수료증과 보건증을 미리 준비하는 것이 좋다.

• 느티나무 돈가스 •

공정의 설계

상권 입지와 아이템이 결정된 후에는 사업계획서에 나와 있는 순서에 따라 공정을 설계하면 된다. 사업계획서는 예상 투자금액과 예상 매출액, 직원 수, 메뉴, 아이템 콘셉트, 그리고 재료비에서부터 손익분기점까지 기록해야 하는데 상세하게 기록하면 상세하게 기록할수록 좋다. 상권 입지와 아이템의 순서는 "닭이 먼저냐? 알이 먼저냐?"의 문제처럼 정답은 없다.

일반적으로 프랜차이즈를 선택했다면 공정에 대해서

는 세세하게 신경 쓸 필요가 없지만, 개인 브랜드로 독립창업을 할 경우에는 하나부터 열까지 모든 공정을 자신이 설계해야 한다. 공정순서는 흔히 독립창업이라면 내부 설비와 목작업, 전기 배선과 냉난방기 설치, 타일 시공 또는 페인트 칠, 주방집기 배치와 의자와 탁자의 배치, 그리고 간판설치의 순서로 진행된다.

'느티나무' 2호점의 경우에는 내부 설비가 이미 되어 있었고 목작업도 필요가 없어서 곧바로 전기 배선작업과 냉난방기 설치를 진행할 수 있었다.

• 느티나무 돈가스 •

전기 배선작업을 하기 전에 승압 여부 확인

작업 첫날, 어제 상가계약을 하자마자 일단 "느티나무 황금점 오픈 예정"이라고 현수막을 설치했다. 오픈 예정일까지 일주일에서 열흘 정도가 걸릴 것 같다.

본점을 오픈했을 때는 '느티나무 칼국수&돈까스'의 상호등록을 가장 먼저 했다. 전국에 중복되는 상호가 없도록 '느티나무 칼국수&돈까스'를 선점하는 작업이었다. 2호점은 내부 설비와 목작업을 할 필요가 없어서 바로 전기 배선작업을 진행했다. 전기 배선작업을 하

기 전에 어제 계약을 하면서 건물주 분께 1층 상가의 전압을 13Kw
로 승압해 달라고 요청했다. 지금은 가정용 3Kw로 되어 있었다.

하이마트에 가서 스피커 2개를 구매했다. 나중에 포스 컴퓨터에 연
결해서 '멜론' 음악이 출력되는 스피커 설치 작업을 전기 배선작업을
하면서 미리 설치해 두는 것이다. 냉반방기 25평형 두 대를 '새 것
같은 중고'로 구매했는데 에어컨 작업하시는 분과 전기 배선작업하
시는 분들의 작업은 정성이 느껴졌다. 천장형 냉난방기 25평형 두
대를 설치하고 전선 매장작업과 전등 설치를 오늘 끝마쳤다.

　※ Tip. 본인의 아이템을 구현하는데 전기 용량이 충분한지를 한
전에 미리 확인하고, 그 건물에 도시가스가 인입되어 있으면 LPG가
스를 쓰는 것에 비해 요금을 훨씬 절약할 수 있다.

　　　　　　　　　　　　　　　　　　　　　• 느티나무 돈가스 •

출입문을 강렬한 빨간색으로 칠하다

작업 이틀째, 민트 색의 출입문을 빨간 색으로 칠해서 포인트를 주고 싶었다. 흰색 내벽과 흰색 외벽은 흰색 페인트로 다시 칠을 하고, 매장의 바닥은 시멘트로 되어 있어서 에폭시 시공을 했다. 전기 배선작업을 마친 뒤에 남은 매장의 바닥 청소는 내 몫이었다. 청소를 깔끔하게 해둬야 에폭시 시공을 진행할 수 있기 때문에 쓸고 닦기를 두 번이나 반복했더니 허리가 아플 지경이다. 잠깐 동안 휴식을 갖고 칠성시장의 가구점으

로 가서 의자와 탁자, 그리고 포스테이블을 주문했다. 정수기와 포
스도 미리 신청해 두었다. 포스 설치 시간에 맞추어서 인터넷도 미
리 신청해서 작업을 해두어야 한다.

※ Tip. 포스 단말기와 인터넷 설치도 인테리어를 진행하는 동안
미리 신청을 해 두면 그만큼 시간을 줄일 수 있다.

• 느티나무 돈가스 •

주방기구의 배치는
동선의 효율성을 높이는 방향으로

내일은 주방집기가 배치되고 닥트작업을 진행할 예정이라 업체에 연락해서 전체적인 상황을 다시 한번 확인해본다. 주방집기도 냉난방기와 마찬가지로 비용을 줄이기 위해 '새 것 같은 중고'를 선택했다. 매장 내의 환기는 돈가스 가게에서 가장 중요한 요소 중의 하나이다. 닥트작업으로도 냄새를 100% 배출할 수는 없기 때문에 환기가 부족하다고 판단되면 환풍기를 설치해서 공기를 순환시켜야 한다.

드디어 주방집기가 들어오고 닥트작업이 한창이다. 기온이 25도 가 넘는 더운 날씨에 작업하시는 분들은 땀을 뻘뻘 흘리면서 빠르 게 작업을 진행하고 있다. 주방집기는 동선을 미리 파악해 두었기 때문에 제자리에 배치하면 된다. 주방의 동선은 주방 직원들의 걸 음을 최소화하는 것이 효율성을 높이는 방법이다. 튀김기와 소스 워머를 가까운 곳에 배치하고 세척기와 배식대를 가까이 배치함으 로써 불필요한 움직임을 최대한 줄일 수 있도록 설계한다.

닥트작업, 그리고 제 모습을 갖추어가는 주방

작업 3일째, 닥트작업과 세척기 설치작업은 만만치 않아 보인다. 주방의 열기를 배출하고 공기를 순환시키는 것이 닥트의 역할이다. 이번의 닥트작업은 2층과 3 층에 있는 학원에 음식냄새 가 퍼지지 않도록 플렉시블 호스를 옥상까지 올리고 1 마력의 모터를 사용해서 음 식냄새를 배출하게 만드는 나름 난이도가 있는 작업이 었다. 오랫동안 거래해온 사장님들의 기술은 언제 봐 도 믿음이 간다.

45박스 냉장고를 들여놓

는 과정에서 주방의 입구가 좁아서 입구를 조금 잘라내기로 했다. 겨우 냉장고의 자리를 잡은 후에 냉장테이블까지 배치했다. 냉장테이블 위에는 칼국수의 면을 뽑아내기 위한 제면기와 도마가 놓여진다. 3일째가 되니 주방이 어느 정도 제 모습을 갖추어가고 있다.

영업허가증과 사업자등록증 발급

작업 4일째, 어제 주방집기를 배치해서 오늘은 튀김기와 가스레인지, 온수기에 도시가스 배관 연결 작업을 하고 있다. 다행히 도시가스가 인입되어 있는 상가라서 LPG가스를 사용하는 것보다 비용을 절반 정도로 절약할 수 있다. 인터넷과 유선전화는 KT로 신청했는데 오전 중에 모두 설치를 마쳤다. 개인적으로 매장용 인터넷과 유선전화는 다른 통신사에 비해서 KT가 안정적이라는 생각을 가지고 있다.

　칠성시장에서 구입한 '갬성'적인 소품도 설치를 해본다. 빨간 출입문과 빨간 우체통이 잘 어울리는 것 같고, 철제 미니 자전거와 미니의자가 귀여운 느낌이 든다. 사람들이 여기에 앉아서 사진을 한 번씩 찍을 때마다 '느티나무'의 키는 조금씩 더 자랄 수 있을 것이다.

　구청위생과에 보건증과 위생교육수료증을 지참하고 영업허가증을 발급받으러 갔다. 영업허가증을 받아들고 관할 세무서로 가서 사업자등록증을 발급받았다. 포스에 등록할 통장과 주류카드까지 모든 준비를 마쳤다. 내일 들어올 매장의 의자와 탁자, 그리고 포스테이블을 체크하고 매장 CCTV와 정수기 설치작업을 끝으로 오늘의 일정은 마무리되었다.

테이블의 간격을 배려하다

작업 5일째. 막바지 준비에 박차를 가하고 있다. 홀을 가득 채우고 있는 테이블과 의자를 이리저리 옮기면서 배치를 해본다. 오픈하기 전에 테이블 세팅을 할 때에는 매출은 고객의 숫자나 '객단가' 같은 것은 잠시 잊어도 괜찮다. '어떻게 배치하는 것이 손님들이 잠시라도 편하게 우리 매장을 이용할 수 있을까?'에 집중하는 것이 우선이기 때문이다.

테이블과 의자는 가급적이면 저렴한 것보다는 고급스러우면서 부담스럽지 않은 제품을 선택하는 것이 좋다. 주방기물은 '새 것 같은 중고'를 사용해도 되지만, 손님들이 사용하는 물건은 불편하지 않도록 배려를 아끼지 말아야 한다고 생각한다. 본점의 테이블은 카페에서 주로 쓰이는 멀바우 원목탁자를 선택했는데, 2호점은 대리석 느낌의 MD탁자를 선택했다. 물컵과 숟가락, 젓가락, 포크는 모두 스마일이 그려져 있는 세트로 준비해서 깔끔함과 일체감을 느

낄 수 있도록 했다.

'사회적 거리두기'를 고려해서 테이블의 간격은 충분한 거리를 유지할 수 있도록 했다. 모두 8개의 테이블로 매장을 세팅하고 포스기는 월 22,000원에 3년 약정으로 렌탈을 했다. 엔틱한 느낌의 유선전화기와 포스기 테이블은 모두 인테리어 느낌을 낼 수 있는 제품으로 구입했다. 이제 간판 작업만 끝내면 오픈준비는 마무리되는데, 업체의 공사 일정 때문에 간판과 메뉴판은 월요일에 설치할 예정이다.

'느티나무' 황금점을 심다

'느티나무' 한 그루를 더 심어본다. 책임감이 느껴진다. 농부의 마음으로 정성껏 가꿔야겠다는 다짐을 해 본다. 이미 '느티나무' 2호점과 3호점을 경험해 보았기 때문에 황금점의 오픈작업은 일주일 만에 끝마칠 수 있었다. 이제부터는 정성과 노력이 필요한 시간이다. 식당의 가장 기본이 되는 Q(quality), S(service), C(concept)에 집중하고 한 테이블의 손님이라도 최선을 다해야 한다. 동네상권에서의 승패는 이미지가 결정적이다.

250

입소문이 빠르게 좋게 나서 잘될 수도 있지만, 반대로 좋지 않은 이미지역시 금세 소문이 날 것이기 때문이다.

따로 오픈행사를 계획하고 있지 않다. 지인들에게도 당분간은 알리지 않을 생각이다. 오픈하는 날 전단지를 돌리고 지인들을 초대하면 식당에 손님이 많이 찾는 것으로 보이겠지만, 한꺼번에 손님들이 몰릴 경우 8개의 테이블이 전부인 작은 식당을 애써 찾아주신 손님들이 많이 기다려야 하고 일부는 어쩔 수 없이 발걸음을 돌려야 할 수도 있다.

※ 나는 '오픈빨'을 원하지 않는다. 매출이 증가하는 속도가 조금 더디더라도 한 사람, 그리고 또 한 사람이 이 식당에 좋은 이미지를 갖게 되고, 또 그것이 소문이 나서 '느티나무' 브랜드가 오래도록 지속되었으면 하는 바람을 갖고 있다.

그리고 이 모든 것이 책을 쓰는 동안 벌어진 일이다. 책보다 황금점 오픈이 훨씬 빨리 진행되었는데 '사는 게 생각처럼 되지는 않는 법'인 것 같다.

가장 중요한 것은 자신의 일에 대한 식지 않는 열정이다

외식업은 42.195㎞를 달리는 마라톤이다. 처음부터 마라톤을 완주할 수 있는 사람은 몇 안 될 것이다. 체력을 키우고, 구간별로 연습도 해보고, 쓰러지고 넘어지는 훈련을 거쳐야 비로소 완주하는 힘이 생긴다. 외식업도 마찬가지다. 많은 전략과 기술이 필요하지만, 가장 기본이 되는 힘은 바로 자신의 열정과 끈기와 진정성이다.

지금까지 도전해 본 외식업 아이템만 해도 10가지다. 앞으로도 내가 해보고 싶은 아이템이 있으면 언제든 도전할 것이다. 외식업에는 전략과 기술도 필요하겠지만 가장 중요한 것은 외식업에 대한 식지 않는 열정이다. 열정이 있어야 창의적인 아이템도 떠오르고, 몰입할 수 있는 에너지도 생긴다. 나이는 숫자에 불과하다고 하지 않던가. 내가 나의 일을 사랑하고 내 주위에 있는 모든 사람을 사랑하며 무엇이든 도전할 수 있는 열정만 있다면, 이루지 못할 일은 세상에 없다. 진정한 내 삶의 가치는 나의 생활에 내가 만족하면서 끊임없이 배우고 도전하며 사랑하는 일이다.

나는 지금도 '느티나무' 식당이라는 나무 한 그루를 심어서 키우고 있다. 매일 물도 주고 햇볕도 쬐게 하고, 비료도 준다. 작은 정성이 모여서 큰 나무로 성장시키듯, 식당 또한 내가 매일 매일 키워가는 한 그루 나무다. 주인은 게을러서도 안 되고, 쉽게 흔들려서도 안 된다. 오직 본질을 잃지 않고 늘 노력하는 자세로 살아가야 한다. 밥 배달하던 아저씨가 대학 강단에서 학생들을 가르칠 수 있었던 비결은 바로 늘 노력하는 자세였다고 이야기하고 싶다.

남은 인생 내 삶을 더 풍요롭고 가치 있게 만들기 위해서 이번에는 책 쓰기에 도전했다. 학생들을 위해서, 그리고 나를 위해서 더욱 열심히 공부하고 운동도 한다면 내년에는 더 멋진 나를 만들 수 있을 것이라는 기대와 함께 시작된 일이다. 일이든 공부든 취미든 뭔가를 자꾸 도전해 보고 실행해 본다는 것이 나의 가장 큰 장점이고, 가장 큰 무기다. 이런 과정이 나의 삶에서 추억이 되고, 자산이 된다.

이 책을 쓰면서 나의 지난 시간을 되돌아보는 좋은 계기가 되었다. 23년 식당 인생을 되돌아보면서 '나는 참 운이 좋은 사람이구나.'라는 것을 느꼈다. 내 뒤에는 항상 나와 같이 고생하고 나를 응원해 주는 아내가 있었고, 든든한 아들과 딸이 있었기에 내가 중심을 잃지 않고 달려올 수 있었다. 새삼 가족의 고마움과 감사함을 느낄 수 있어서 좋았다. 지금도 나를 뒤에서 응원해 주는 아내에게 늘 사랑한다는 말을 전하고 싶고, 나를 아는 모든 분과 친구들에게도 사랑한다고 말하고 싶다.

23년 식당 인생을 한 권의 책으로 압축시켰다. 앞서 이야기했듯이 나의 경험들이 자영업을 하는 모든 분께 도움이 되길 바란다. 장사가 잘 돼서 더 풍요롭고 여유로운 생활이 되기를 바란다. 지금 이 시각에도 창업을 준비하는 예비 창업자분들 모두 성공하기를 간절히 바란다. 오늘도 내일의 성공을 꿈꾸는 예비 창업자들에게 이 책이 꿈과 희망을 주는 지침서가 되었으면 한다. 나로 인해 단 한 명의 독자라도 꼭 성공하는 창업자가 되었으면 좋겠다는 마음으로 이 글을 전한다.

늘 맛있는 세상, 따뜻한 세상이 되었으면 좋겠다. 부족한 글이나마 끝까지 읽어 주신 독자님께 감사의 말씀을 전하면서 이 책을 마무리하고 싶다.

느티나무 아래서

이정관 올림

느티나무 돈가스

: 나는 작은식당에서 행복을 배웁니다

초판 1쇄 | 2021년 1월 1일

지은이 | 이정관
기획 편집 | 박일구
디자인 | 김남영
펴낸이 | 강완구
펴낸곳 | 도서출판 써네스트
출판등록 | 2005년 7월 13일 제2017-000293호
주　소 | 서울시 마포구 망원로 94, 2층 203호 (망원동)
전　화 | 02-332-9384　　　**팩　스** | 0303-0006-9384
홈페이지 | www.sunest.co.kr
ISBN 979-11-90631-16-7(13320)　값 16,000원

ⓒ 이정관

이 도서의 국립중앙도서관 출판예정도서목록(CIP)은 서지정보유통지원시스템 홈페이지
(http://seoji.nl.go.kr)와 국가자료종합목록 구축시스템(http://kolis-net.nl.go.kr)에서 이용하실
수 있습니다. (CIP제어번호 : CIP2020051418)